智元微库
OPEN MIND

成长也是一种美好

OKR 实践者指南

OBJECTIVES & KEY RESULTS

用**思维**和**领导力**
落地OKR

李迎霜　付强

著

人民邮电出版社
北京

图书在版编目（CIP）数据

OKR实践者指南：用思维和领导力落地OKR / 李迎霜，付强著. -- 北京：人民邮电出版社，2024.2
ISBN 978-7-115-63468-9

Ⅰ．①0… Ⅱ．①李… ②付… Ⅲ．①企业管理 Ⅳ.
①F272

中国国家版本馆CIP数据核字(2023)第247158号

◆ 著　李迎霜　付　强
责任编辑　王铎霖
责任印制　周昇亮

◆ 人民邮电出版社出版发行　北京市丰台区成寿寺路 11 号
邮编 100164　电子邮件 315@ptpress.com.cn
网址 https://www.ptpress.com.cn
河北京平诚乾印刷有限公司印刷

◆ 开本：720×960　1/16
印张：16.5　　　　　　　　　　2024 年 2 月第 1 版
字数：187 千字　　　　　　　　2024 年 2 月河北第 1 次印刷

定　价：69.80 元
读者服务热线：（010）67630125　印装质量热线：（010）81055316
反盗版热线：（010）81055315
广告经营许可证：京东市监广登字 20170147号

赞　誉

OKR是一套先进的目标管理工具，在此之前，它更是一套系统的思维方式，统筹兼顾整体和细节、终点和起点、决策和执行之间的关系。读完这本书，你不仅可以掌握OKR这套工具，更可以把这套系统的思维方式应用到工作与生活的方方面面，成为一个更通透的明白人。

——脱不花　得到App联合创始人

在行业数字化时代，用好OKR有助于传递信息、激活组织、共识目标、跟进进展，最终达成结果。

——张文中　物美集团创始人、多点Mall董事长

时代的发展也使得每一代人的职业目标和激励方式在不断演进。OKR是能够有效激励当代组织与个人的思维和管理方法。本书作者从实践者的角度，结合现实案例，帮助大家把OKR真正用起来，书中内容值得创业者、管理者和有职业理想的员工认真研读和实践。

——于洲　追光动画联合创始人、总裁

《OKR 实践者指南》深入浅出地解读 OKR，教你如何真正落地实施它。作为一位创业企业家，我强烈推荐这本书。掌握 OKR，激发团队潜能，超越目标，实现创业的壮举！

　　　　——肖玛峰　TTC 创始人 & 首席执行官、前 CGL 德筑集团联合创始人

在充满不确定的时代，如何用 OKR 的思维方式从下至上不断激发出更多深入想法，如何更好地引导组织中的每一个人去挑战更高的目标？本书用真实的案例和故事，深入浅出地告诉大家如何把 OKR 真正用起来，解决 OKR "落地难"问题，帮助大家将 OKR "做到位"，使其"见成效"。

　　　　　　　　　　　　　　　　——张喻　快手人力资源总经理

随着中国企业日益走向国际舞台，OKR 作为一种提高组织效率的工具，可以帮助这些企业适应快速变化的环境，更好地管理跨文化团队，促进创新，并提升全球竞争力。《OKR 实践者指南》适合寻求管理创新的中国企业，是渴望在全球化浪潮中站稳脚跟的组织领导者的必读之作。

　　　　　　　　　　　　　　——张勇　前阿里巴巴海外传播负责人、
　　　　　　　　　　　　　世界经济论坛全球领袖培训计划成员

好的目标设定，本身就是一种有效的激励。好的目标联动，本身就是一种有效的协同。OKR 可以是很好的激励和协同机制。

　　——郑云端　前源码资本、贝壳找房首席人力资源官，前 360 首席人才官

有的企业制定了战略，但由于没有 OKR 这样的工具，战略落不了地，也有的企业已在推行 OKR，但由于上下目标没有对齐而收效甚微。这些企业的领导者可以阅读《OKR 实践者指南》这本非常实用的 OKR 实施指导手册。

　　——周戊乾　泰普洛领导力创始人、伟事达私董会

　　　　　　中国 CE010 组 /KE003 组教练

OKR 不仅是一个管理工具，更是一种工作思维，可以帮助企业构建组织的核心竞争力。本书不仅通过案例介绍了 OKR 的操作模式，还从思维模式、情感模式透视 OKR，让 OKR 更接地气。

　　——李常仓　禾思咨询创始合伙人、畅销书《人才盘点》作者

"要我做"还是"我要做"，二者有着本质的区别。企业究竟要打造一个主动型组织，还是默认成为被动型组织，这是一个大是大非的问题。KPI 和 OKR 如果一定要兼容，最好让 OKR 兼容 KPI，而不是反过来。《OKR 实践者指南》一书给出了 OKR 的实践路径。OKR 的时代才刚刚到来。

——丛龙峰　和君商学首席管理学家、畅销书《组织的逻辑》作者

本书通过通俗易懂的语言、翔实的案例向广大读者清晰阐述了 OKR 的落地路径。本书凝聚作者多年专业积淀，值得每一位企业管理者和员工细细品读，并将书中指引付诸实践。

——朱少东　"首席数据科学家"博主，前京东、字节跳动数字化专家

在数字化时代，越来越多的企业意识到 OKR 有助于企业达成北极星目标。本书作者对中国本土 OKR 落地难题有着深入洞察，形成了一套经过验证的、具有普适性的 OKR 方法论，值得企业决策者、管理者、OKR 大使和员工借鉴。

——秦添　融云北极星创始人 & 首席执行官

前　言

前一阵子，我给一家企业做目标与关键结果（Objectives and Key Results，OKR）落地辅导。一位高管明确表示，"不支持 OKR，因为身边所有用 OKR 的企业都没有感受到 OKR 的价值"。

后来，我发了一篇公众号文章，题目是《如果，你用了 OKR 但没有感受到用处……》，并在文末发起了调研，希望了解大家在使用 OKR 时产生的困惑、遇到的挑战，以及获得的心得。这篇文章成了我的公众号文章中阅读量最高的一篇，更有几十位读者报名参加调研。

参加调研的读者有创业团队的小老板，正在考虑 OKR 是否适合自己的团队；

有快速发展的科技公司的 HR，面对业务同事们的质疑，他们不知如何解释"OKR 跟 KPI 到底有什么区别"这个问题；

有市场化国有企业的业务领导，正想着如何激励公司里的年轻人；

有外企的职业经理人，想知道如何用 OKR 让自己的职业发展更加顺利，同时更好地平衡工作和生活；

有用了五六年 OKR 的互联网公司的研发负责人，积累了一些用 OKR 带团队的经验；

也有习惯了填写 OKR 考核表格的运营主管，但他们不知道 OKR 到底该如何使用，也丝毫没有感受到 OKR 的价值。

……

从过去几年的 OKR 研究、教学和辅导落地经验中，我深切感受到了 OKR 的价值和难点，也深知在使用 OKR 的公司里，除 OKR 大使之外的每一位 OKR "用户"对 OKR 的正确理解、认同与身体力行，才是一家公司落地 OKR 的关键。于是，我决心写一本 OKR 的"使用说明书"，帮助每个使用 OKR 的职场人理解 OKR 的价值，知道在实践中"怎么做"。

下面，向大家介绍这本书的主要内容。

前三章，帮助大家深度认识 OKR。我们首先从"目标"讲起，然后介绍 OKR 的特点，并重点分析 OKR 的价值分别从哪里来，帮助读者在使用 OKR 时可以有针对性地投入，以及在没有感觉到 OKR 的效果时反思哪里可以做得更好。此外，我们还专门介绍了如何在一家公司推广 OKR。

第四章，我们介绍了从 OKR 的设定中抽象出来的 OKR 思维 POP 模型。有了它，你的 OKR 之旅会更加容易。你也可以把它用到工作中，事半功倍，提高自己的工作效能。

第五至八章，我们按照 OKR 使用的四个动作（设定、对齐、跟踪、复盘）分别展开。除了介绍每个动作的流程和规范，还重点关注了在使用 OKR 的过程中，如何运用思维和领导力把 OKR 的动作"做到位，出效果"。

在本书中，我们不只是介绍 OKR 这个管理工具本身，还将介绍**"使用 OKR"的方法论**，其中有很多原创并经过不少企业实践检验的方法。

如果你所在的企业正在使用或考虑使用 OKR，那么本书将是一本实践参考书。如果你所在的企业正在使用其他工具（例如平衡计分卡、KPI、OGSM 等），那么本书可以帮助你了解 OKR 的精神、使用方法，并优化现有的目标管理和绩效考核方式。如果你希望从本书中学到与目标管理有关的内容，但不关心具体工具的应用，你也可以在看书时，把"OKR"三个字母替换成"目标"二字。

约翰·杜尔在《这就是 OKR》[①]中说："OKR 并不是万能的，它不能代替正确的判断、强有力的领导和创造性的企业文化。但是，如果这些基本要素能够到位的话，OKR 就能引导个人和团队走向顶峰。"我们希望这本书给大家带来在使用 OKR 时所需的思维力和领导力。

最后，向大家介绍这本书的两位作者。

李迎霜，本书的第一作者。她结合近 20 年领导力发展的经验，从 2019 年至今，将 OKR 与思维和领导力融合，为不同企业进行 OKR 培训、辅导、落地咨询，帮助企业把 OKR 真正用起来。她的 OKR 和领导力课程得到广泛欢迎，客户包括：字节跳动、中国大连高级经理学院、中石化、华夏银行等，以及不少成长型科技企业。

付强，前 MBB 顾问，拥有超过 20 年的管理咨询经验，是全球范围内广受好评的培训师、高管教练。他服务过超 100 家《财富》500 强企业，涵盖科技、金融、医疗健康、电子、消费品等行业。他有丰富的全球工作经历和行业实操洞见，曾任哥本哈根商学院 EMBA 讲师。秉承战略和领导力相辅相成的理念，终身学习并践行。客户包括：字节跳动、快手、华为、小米、安踏、谷歌、乐高等。

---

① 杜尔. 这就是 OKR［M］. 曹仰锋，王永贵，译. 北京：中信出版集团，2018.

付强作为本书的第二作者兼顾问，一方面提纲挈领，参与书中方法论的建构，另一方面从读者视角帮助提升本书的可读性，让读者愿意看、看得懂。

我们两位"80 后"作者，希望借助 OKR，共同探索企业的前瞻领导之路，并希望这本书成为你愿意读、觉得有趣会经常翻看的小册子，更期望它能帮助你达成业绩、管理团队。

欢迎你将阅读过程中的想法分享给我们，无论是认同、赞赏，还是吐槽、困惑。

李迎霜

2023 年 9 月于北京

目　录

第七章 跟踪OKR：埋头拉车，莫忘抬头看路

第八章 复盘OKR：复制成功、拒绝再错

写在前面

1999 年，硅谷天使投资人约翰·杜尔给谷歌两位 20 多岁的创始人拉里·佩奇和谢尔盖·布林送了两件"大礼"：一件是 1180 万美元的投资，另一件是 OKR 这一目标管理工具。拉里·佩奇虽然很少为作者写推荐序，然而为了感谢约翰多年前给谷歌送上的大礼，他在《这就是 OKR》中这样写道："OKR 帮助我们实现了 10 倍速增长，帮助我们把'整合全球信息'这一伟大使命变得触手可及。"

字节跳动成立于 2012 年 3 月。从 2013 年起，这家公司在 OKR 的伴随下在几年内成为拥有 10 多万人的组织。从内部培训到日常会议，OKR 的身影随处可见；大大小小的协同项目，也少不了 OKR 对齐。2020 年年初，字节跳动仅用 36 小时谈下电影《囧妈》，并用 OKR 对齐的理念实现了公司内部跨团队、跨地域、线上线下高效协作，在 2020 年大年初一开创了春节档电影首次在线播出的历史。2021 年，抖音用 OKR 迅速集结了 4 个城市 1000 多名研发人员，用 27 天完成了一般需要 4 ~ 5 个月准备的春晚红包项目。[①]

① 资料来源：飞书 OKR 官网。

OKR 并不只发生在互联网行业。近几年来，中国造车新势力能够异军突起，杀出重围，其中也有 OKR 的贡献。2018 年年底，在曾经的至暗时刻，理想汽车用 OKR 帮助打造数字化的工业组织。2019 年 4 月 16 日，理想 ONE 亮相上海国际车展。李书福向创始人李想竖起了大拇指，说："你们速度够快的。"李想说："如果没有 OKR，理想 ONE 至少得延期 2 ~ 3 个月面世。"理想汽车还结合 OKR，形成了理想工作法，推动组织协同与个人成长，实现共同的战略目标。①

在小鹏汽车，员工逐渐达成了共识：OKR 不仅仅是一种工具，还是一种工作方式，它能让员工学会如何工作才能使效率最大化。②蔚来汽车的创始人李斌在 2019 年引入了 OKR 作为目标管理工具，之后又将 OKR 调整为 VAU（视野 / 行动力 / 提升，Vision/Action/ Upgrade）体系，推动了组织内部目标的承接、对齐和更新。V 代表方向，是挑战性的目标，A 则代表实现目标的具体方法，该方法会在操作过程中根据实际情况不断调整。③在造车新势力这个传统行业与科技结合的赛道中，OKR 带来了上下同欲，带来了不同背景人员的快速、跨部门协同，带来了用户感知与创新，带来了速度与业绩成果。

在樊登读书，OKR 帮助公司进行业务创新、实现内部协同。团队使用 OKR 发展创新业务，并将该创新业务变成常规业务规模化复制，之后再用 OKR 去发展下一个创新业务。公司新媒体团队的两位"95 后"员工，设定了一个把樊登

---

① 资料来源：理想汽车官方网站。
② 资料来源：姚琼工作室《汽车行业变革时代！用 OKR 带飞新能源汽车！》。
③ 资料来源：姚琼工作室《汽车行业变革时代！用 OKR 带飞新能源汽车！》；姚琼. OKR 实践手册［M］. 北京：中信出版集团，2022.

读书的短视频账号做起来的 OKR。后来，两人成功尝试了直播卖书，接下来又成立了新部门专注直播，设定了新的 OKR。樊登读书内部的出版公司通过 OKR 知道某个部门要解读哪本书，他们就可能在版权、课程开发上做相应的结合。

除了提升内部管理，OKR 还帮助一些企业实现了销售业绩的增长。2020 年，整个金融行业都面临着重大转型的压力，不少公司调低了业绩目标。然而五矿财富投资管理有限公司（简称五矿公司）的总经理何飞却定下 2020 年达成 800 亿元业绩的目标，比 2019 年增长 68%。以前的理财顾问团队"单兵作战"、协同很少；"黑箱管理"，只抓结果不问过程。当时，何飞借助 OKR，带动分散在全国 20 个城市的 350 名理财顾问迎接见不到客户、2020 年资管新规推进等挑战，通过共享信息、达成共识、跟进复盘、分享学习、不断创新，最终带领团队取得了骄人的业绩。2020 年，五矿公司人均产能接近 3 亿元，比 2019 年增长了近一倍。"除了 OKR 管理系统，没有其他管理工具可以带来这样的价值。"何飞说道。[①]

然而，OKR 在中国的本土实践，既有光鲜亮丽的一面，也有灰头土脸的一面。各大网站上对 OKR 各种各样的吐槽，屡见不鲜。"OKR 实行之后，我的工作就多了"；"我们开始搞 OKR，我感觉折腾不动了"；"我们公司现在要求用 OKR，大家都应付"；"企业人多了，总要找个由头干点什么事"；"管理最怕搞甲之蜜糖，乙之砒霜。员工的意愿不能统一，行动十有八九不能取得效果"……2022 年，知乎上出现了一篇题为《打工人困在 OKR 里：加剧内卷，考核畸形，KPI 之外的新枷锁》的文章，不少人对这篇文章的内容表示赞同。

---

① 资料来源：飞书 OKR 官网。

　　OKR 到底有功还是有过？OKR 是否真有什么神奇之处？OKR 为什么会得到一些企业的好评，而被另一些企业认为行不通？OKR 到底适合哪些公司、部门和群体？我们公司用 KPI 或其他管理工具，还能和 OKR 有所结合吗？OKR 具体要怎么用？……

　　在"OKR 现象"中，我们还需要了解什么？如何选择？在复杂多变的 VUCA 时代，企业如何运用 OKR 的理念和方法，更好地活下去？希望这本书能带给你一些属于自己的思考。

第一章

你真的重视"目标"吗

几年前，当以滴滴、快的、优步为首的互联网出行平台刚刚出现时，新技术和新模式搅乱了原有的出行市场，司机们对此众说纷纭。有的司机认为网约车挤占出租车市场，早晚将被取缔，有的司机观望，有的司机则快速注册成为网约车司机，拿到数量高出以往好几倍的订单。

今天我们回望这一段历史，不禁要感叹那些能够在变化的环境中快速响应、抓住机会的人，更容易立于不败之地。

本书讨论 OKR，离不开**"应对变化"**这个理念。世界变化快，所以战略需要更简单、组织需要更敏捷、团队需要更快速凝聚、人需要更快速成长。世界变化快，不确定性提高，所以有的组织会定不出 KPI，需要更多过程管理，需要调整和迭代。

动态目标管理，是帮助大家应对外部变化，提升应对能力的一个抓手。处于 VUCA 时代，就好比人进入了一望无际的非洲草原，或者遮天蔽日的亚马孙雨林，很容易丧失方向感。"约 1/5 以上的丛林事故是因为丧失方向感而造成的。"①走到高处，选择一个明确的方向，头脑清晰地走下去，并随时记住各种标记物，是求生的第一要务！

让我们一起探索，如何用好 OKR 这杆"枪"，迎战 VUCA 时代吧！

第一节　不确定时代，为什么"目标"更重要

VUCA 这个词，大家早已不再陌生。客户、市场、监管机构、国际形势、新技术等，都让我们对变化应接不暇。外部环境变化之快，似乎让人有些疲于应对。

为了应对 VUCA 1.0，又出现了 VUCA 2.0，如图 1-1 所示。

---

① 《男孩的冒险书》编委会. 男孩的冒险书：亚马孙森林冒险书［M］. 南宁：广西科学技术出版社，2010.

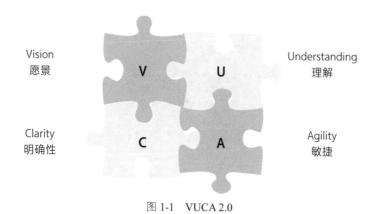

图 1-1　VUCA 2.0

　　VUCA 1.0 的四个字母分别代表 Volatile（易变）、Uncertain（不确定）、Complex（复杂）和 Ambiguous（模糊）。到了 VUCA 2.0，同样是 VUCA 四个字母，则变成了 Vision（愿景）、Understanding（理解）、Clarity（明确性）和 Agility（敏捷）。处在易变、不确定、复杂和模糊的环境中，就好比身处一望无际的非洲草原，或者遮天蔽日的亚马孙雨林，不知道会从哪里冒出危险的野兽，也不知道天气会如何变幻。这时，如果能够胸怀愿景，知道要走到哪里；明确目标，找到每一个前进据点；对周边的环境信息有更多理解和判断，并且敏捷应对，那么会有更大的生存概率。

　　在 VUCA 2.0 中，我们能够看到"动态目标管理"的影子——既有明确长远的愿景方向，又有一个个短期明确的目标，同时加深人们对内外部信息的了解，步步为营，有问题及时调整。其中，"目标"和"动态"是关键。

第二节 用目标网络，连接战略和任务

请你试着将任务、使命、团队目标、愿景、公司目标、战略这些词填到如图 1-2 所示的金字塔的相应层级中。提示：金字塔的下一级为实现上一级而服务。

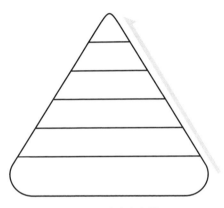

图 1-2 战略金字塔 1

虽然学界有不同的说法，但我们这里借用 OKR 领域中公认的战略金字塔结构，如图 1-3 所示，来给大家解释。

图 1-3 战略金字塔 2

- 使命回答的问题是："我们这家公司为什么存在？"链家的创始人左晖曾经问公司的同事："世界上有我们这群人和没有我们这群人，有什么区别？"这就是使命。例如，腾讯的使命是"用户为本，科技向善"，阿里巴巴的使命是"让天下没有难做的生意"，字节跳动的使命是"激发创造，丰富生活"。[①]

- 愿景是公司在一个相当长的时间跨度内，希望成为什么样的企业。愿景相对抽象且持续时间长。例如，亚马逊的愿景是"成为全球最受信任的公司之一，为全球消费者提供一站式购物体验"。阿里巴巴到 2036 财年的愿景是"服务全世界 20 亿消费者，帮助 1000 万家中小企业盈利以及创造 1 亿个就业机会"。[②]

- 战略可以用这样两句话来表达，"在哪打仗"（where to play）和"如何赢"（how to win）。[③]战略包括提供什么产品和服务，做什么、不做什么；先做什么、后做什么。例如，通用电气在韦尔奇时代的战略曾是，所有业务必须数一数二；从产品业务为主向服务业务为主转变；从美国本土走向全球化；提供世界一流的产品和服务；通过并购快速推动业务组合转变。有些企业制定长达 3 ~ 5 年的战略，也有一些企业现在的战略是"定 1 年，看 3 年"。无论是 1 年、3 年还是 5 年，都比使命和愿景持续的时间要短。

---

① 资料来源：腾讯、阿里巴巴、字节跳动官方网站。

② 资料来源：腾讯、阿里巴巴、字节跳动官方网站。

③ A. G. Lafley and Roger L. Martin, "Play to Win: How Strategy Really Works," *Harvard Business Review Press*, 2013.

- 目标是"所规划行动的最终结果"。公司目标是指在战略规划的基础上,为了落地战略而制定的具体目标和计划。3M 公司曾经设立的目标是,每股红利年增长 10% 或以上,股东权益回报率达到 20% ~ 25%,至少有 30% 的销售额来自近 4 年推出的新产品。到了公司目标这一层,时间范围更短,内容更具体了。在实践中,大家往往以年度为单位设定目标。

- 团队目标是指公司各个部门的目标要为实现公司目标而服务。如果一家公司的目标是销售业绩达到 2 亿元,那么各个部门可以为了实现公司目标而设定各部门的目标,研发部门有研发目标,销售部门有销售目标,生产部门有生产目标等。

- 任务,通常指交派的工作。小到填一个日报表,组织一次会议,大到做 3 年的项目,都是任务,也就是大家说的"干什么活"。

例如,一家新能源汽车公司的战略金字塔可以是这样的描述(见图 1-4)。

使命:为全世界的家庭提供美好的出行体验
愿景:成为智能出行领域的全球前五企业
战略:打造安全、舒适、智能化的利润领先型新能源汽车单品
公司目标:一年内,量产新能源汽车 × × 台;市场占有率达到 × ×;利润达到 × ×
团队目标:打造领先的智能驾驶系统;产品设计满足年轻家庭需求;保证生产质量且产品供应稳定
任务:
研发:完成 × × 关键项目
生产:建成 × × 生产厂房;选取供应商 × × 家
销售:搭建 × × 线上/线下营销推广和销售渠道

图 1-4 一家新能源汽车公司的战略金字塔

公司的使命是"为全世界的家庭提供美好的出行体验"。这是一个长远的、激励人心的使命，是这家公司创业的初心。

公司的愿景是"成为智能出行领域的全球前五企业"，也就是为了实现公司使命，经过几十年甚至更长时间，公司希望成为的样子。

公司在某个阶段的战略是：打造安全、舒适、智能化的利润领先型新能源汽车单品。通过打造符合以上特点的新能源汽车单品，来实现公司的愿景。这一层已经比使命和愿景的内容要具体了。

有了战略，下面可以设定短期内的公司目标："一年内，量产新能源汽车 ×× 台；市场占有率达到 ××；利润达到 ××。"也就是一年内，为了落地战略，公司要达成的目标，公司目标往往包含财务指标，还可以包含非财务指标。

有了公司目标，各个团队可以设定各自的目标来实现公司目标。各个团队的目标包括："打造领先的智能驾驶系统"（研发部门）；"产品设计满足年轻家庭需求"（设计部门）；"保证生产质量且产品供应稳定"（生产部门）；……（目标设定过程可以把自下而上和自下而上相结合。）

然后，再基于各个团队的目标，拆解到具体做哪些事情，也就是任务，包括"完成 ×× 关键技术的研发项目；建成 ×× 生产厂房；选取供应商 ×× 家；搭建 ×× 线上 / 线下营销推广和销售渠道"等。

这样看来，"目标"在战略金字塔中起着重要的、"承上启下"的作用。向上，目标支持使命、愿景、战略这些看起来抽象的东西；向下，目标关联每个团队和成员的具体工作内容。

"目标"就好比是一根强有力的链条，连接战略和任务，每个人的"目标"合在一起，就形成了一张"目标网络"。有了"目标网络"，公司高层能够看到战略如何落地,重要的事情是不是都有人承接。有了"目标网络",公司各级管理者和基层员工能够看到自己每天的工作是在为什么做贡献,增加工作的意义感。

第三节　你的"目标",也许是"任务"

在使用 OKR 时,很多朋友容易把 OKR 写成任务清单。下面,我们来谈谈目标和任务的关系。

在上一节的战略金字塔中,我们可以看到最下面三层分别是"任务""团队目标""公司目标"。下面这四句话,大家觉得哪些是"目标",哪些是"任务"呢?

A. 跟下属进行一对一对话。

B. 拜访十位大客户。

C. 与客户建立信任关系,发现需求。

D. 找到下属的业绩提升点。

答案是,C 和 D 是目标,而 A 和 B 是任务。跟下属进行一对一对话,是"做"的事情,是一项任务;找到下属的业绩提升点,是要"实现"的目标。拜访十位大客户既是"做"的事情,也是任务;而与客户建立信任关系,发现需求是要"实现"的目标。

为了实现一个目标,可能需要完成不同的任务。例如,要实现与客户建立信任关系,发现需求这一目标,可以邀请客户一起吃饭,也可以询问和回答客户的痛点问题，还可以和客户一起做项目，以及寻求客户的帮助。

完成一个任务，可能会实现两个不同的目标。例如，买一套房子，既能解决上班远的问题，又能让孩子上个好学校。

这样看来，目标和任务的关系并不难理解。然而，回想一下，在工作中，有多少人每天低头忙于"任务"，而忘记抬头看"目标"是什么呢？

VUCA 时代，如果你能够在做每一件事情之前都明确自己到底要什么，也就是完成任务时对照目标，做事情就会更加有的放矢，而不是忙碌了没有结果。如果你做每一件事情都能实现多个目标、带来多个产出，则会达到事半功倍的效果。因此，从只关注任务到同时关注目标就变得非常重要。

第四节　无目标，不团队

由一群销售人员组成的群体，是我们探讨的"团队"吗？可能是，也可能不是。

著名管理学教授斯蒂芬·P. 罗宾斯认为，团队就是由两个或者两个以上，相互作用、相互依赖的个体，为了特定目标而按照一定规则结合在一起的组织。尽管学界有不同的定义，但**"团队"的要素一定都包含了"目标"**。"团队角色理论之父"梅雷迪思·贝尔宾博士认为，明确的目标是团队建设的基石。

一个由一群销售人员组成的队伍，如果每个销售人员眼中只有自己的业绩，那么这只是一个"工作组"。如果大家有共同的团队目标，共享客户信息，讨论产品销售路线，这才是一个真正的"团队"。

回想一下，你所在的团队，其中每个成员是不是都能够清晰地说出来并理解、认同团队的"目标"？你所在的团队，是一个真正的"团队"吗？

看到这里，也许你对"目标"有了更多的思考。下一章，我们会介绍 OKR 这个 VUCA 时代的动态目标管理工具。

本章要点总结

+ 目标像链条，一端连接不常变化的战略，另一端连接具体多变的任务。
+ 任务是"做什么"，目标是"实现什么"。
+ 明确的目标是团队建设的基石。
+ 动态目标管理工具OKR，能够使企业拥有应对VUCA时代的敏捷能力。

第二章

都是目标管理，
OKR 有何奥秘

前面讨论了 VUCA 时代的动态目标管理，这一章让我们真正走进 OKR。本章将详细介绍和探讨 OKR 的用法、特点、流行背后的趋势，并分析 OKR 背后的哪些因素赋予了 OKR 闪亮的价值。

也许你早就听说过 OKR，或者对 OKR 有一些了解。你如何看待表 2-1 中 OKR 的表述？如果你认为表述正确，请在"正误"这列打"√"；如果你认为表述错误，请在"正误"这列打"×"。

表 2-1　关于 OKR 的表述

表述	正误
OKR 以年度为周期	
领导写好 OKR，下属执行	
除了特殊权限，OKR 默认是公开透明的	
OKR 定好就不能改	
我管的事情多，可以写 10 个 O	
到 OKR 周期末的时候，OKR 的分数高比较好	
每个 OKR 周期开始时才用得到 OKR	
定好战略方向，再用 OKR 落地执行	
用 OKR 对带团队和提高个人效能都有帮助	
对全员用 OKR 的 100 人公司来说，用不用 OKR 系统差别不大	

这里先不着急讨论上述表述，我们将在本章中介绍表 2-1 中的内容，并在结尾带领大家探讨。

第一节　OKR 操作闭环

你见过或正在使用的 OKR，具体是什么样子？表 2-2 是我们在网络上和微信群中看到的、广为流行的"OKR 考核模板"。

表 2-2　OKR 工作计划执行表

序号	目标（O）	关键结果（KR）	KR 权重	O 得分
1				
2				
3				
4				
5				
6				
7				

员工签字：　　　　　　　　　负责人签字：

在表 2-2 中，我提取到了如下关键词：计划、执行、考核、考评、分数算法。

如果把表 2-2 换成表 2-3，相信大家不会觉得有什么区别。

表 2-3　绩效考核目标设定表

序号	绩效目标	关键绩效指标（KPI）	权重	得分
1				
2				
3				
4				
5				
6				
7				

员工签字：　　　　　　　　　负责人签字：

不管是表 2-2 还是表 2-3，都有 "目标""关键结果 / 关键绩效指标""权重""得分"这样的字眼。看上去，表 2-2 和表 2-3 所表达的内容就是在年初或者某个绩效周期初定下绩效目标和指标，周期末根据当初的目标计算一下实际达成情况，结合权重进行绩效考核。

然而，OKR 真的就只是为了考核大家而做的一张表吗？还是让我们暂时忘掉这些，从 OKR 原来的样子说起吧。

我曾经辅导一位创业者用 OKR 设定目标。当时他准备在一个二线城市开一家小龙虾餐厅，他设定了这样的目标：

O：启动小龙虾餐厅项目

开一家餐厅当然很开心。只是，项目怎样落地呢？

"先具体一点，畅想一下，如果这个餐厅开得好，是什么样子呢？"我请他先想清楚目标实现之后的样子。

这位创业者说："希望半年内收回对餐厅的投资。"

我继续提问："那么，你打算怎么去做呢？"

这位创业者说："第一，先找好地方开店，然后装修。

"第二，招人，有了厨师、服务员等团队，开始营业。

"第三，开始营业之后，希望能有人来吃饭，饭店能赚钱。

"第四，不但有第一批顾客，而且大家特别满意，吃完还愿意再来。"

把以上几个目标再设定得具体一些，按照 OKR 的格式，一组 OKR 就出炉了！

O：启动小龙虾餐厅项目，半年内收回对餐厅的投资

KR1：月收入 9 万元，年营收 100 万元，利润 20 万元

KR2：半个月内确定餐厅选址，2 个月内完成符合 20 ～ 30 岁人群喜好的装修风格

KR3：2 个月内人员招聘和培训到位，明确岗位和工作流程，开始营业

KR4：某餐饮点评 App 上评分达到 4.8 分

在这一组 OKR 中，既有目标[1]，也有做哪些事情，还有做事情要取得的关键结果。同时，这些关键结果有助于目标"启动小龙虾餐厅项目，半年内收回对餐厅的投资"的实现。这样，开餐厅这个项目变成了可以落地的事情。

有位在互联网大厂工作的朋友告诉我，OKR 是一个"极简主义的目标管理工具"。我曾经跟秦添，一位 OKR 系统平台的首席执行官（CEO）交流，问他为什么 OKR 能作为 SaaS[2] 工具，而其他的目标管理工具好像很少有系统。他告诉我，其中的一个原因，是"简单"。

我发现，其实 OKR 与方针管理（Hoshin Kanri）[3] 和 OGSM 表格[4]等工具有很多相似相通之处，然而 OKR 的"长相"却是极简的。不需要理解太多术语，只需要用"目标"（O）和"关键结果"（KR）来表述就可以了，而且从公司的

---

[1] 本书中的"目标"二字，广义来讲包括 O（目标）和 KR（关键结果）；狭义来讲，在一个 OKR 中，指 O（目标），不包含 KR（关键结果）。这里仅指 O（目标）。

[2] SaaS：全称 Software as a Service，软件运营服务，是指用户获取软件服务的一种新形式。它不需要用户将软件产品安装在自己的电脑或服务器上。

[3] 方针管理是一个源于日本的企业长期循环计划和管理概念。方针管理的核心表格是 X 矩阵，包括 3 ～ 5 年突破性目标、年度突破性目标、改善重点、具体目标和衡量、责任人与资源。

[4] OGSM 分别代表：Objective（目的）、Goal（目标）、Strategy（策略）、Measurement（衡量）。

CEO 到高层、中层、基层，全部都只需要用这两个词。一家公司如果统一了沟通语言，就可以提高沟通和协作效率。

其实，OKR 不只是写出来就算做完了的。我们再来看一个例子，有一家公司的数字化方面的负责人是这样使用 OKR 的。2023 年年初，结合公司战略和内外部调研，他提议公司进行数字化方面的转型，这一提议得到了公司领导的认可。

他对下面这些问题进行了思考：

- 公司为什么需要进行数字化转型？对公司有哪些意义？

- 如果这个项目成功了，大致是什么样子？会给公司带来什么？

- 如何才能实现转型呢？从哪些方面入手？有哪些关键点？

他设立了这样一个年度 OKR：

O：通过数字化转型，助力公司在行业内成为具有全球竞争力的世界一流企业

KR1：1 年后，公司业务实现线上化、数字化，人均效能提升××%

KR2：构建 3 个生态：云计算生态、数据和智能生态、产业互联网生态，衡量方法是……

KR3：提升 3 个能力：智慧服务能力、智慧新产品能力、智慧运营能力，衡量方法是……

KR4：组织和人力支持：构建数字化学习能力和知识管理，让知识跟随业务和学习场景，衡量方法是……

同时，结合这样一个年度 OKR，他大致拆解出每个季度要实现的季度 OKR。考虑到 OKR 需要有一定挑战性，他提高了对质量和速度的要求，带领团队朝着更高的目标前进。

他找以下相关方召开了几次会议，沟通 OKR 并达成一致。

上级：分管领导、上级领导。

下级：所在部门与这个 OKR 相关的同事。

跨部门同事：业务部门、财务部门、法务部门同事等。

外部合作机构：咨询机构、供应商。

与各相关方达成一致之后，他对 OKR 进行了调整、确认，并把他的 OKR 写在了 OKR 系统上公开出来。团队同事和各相关方的 OKR 也是公开的，大家需要配合的地方都可以在 OKR 系统上看到，方便相互提示。

在接下来的一个季度中，这位负责人每两周对照季度 OKR 与团队、各相关方一起跟踪进展、发现问题、解决问题。实现 OKR 过程中有调整的地方，他也及时与各相关方进行沟通对齐。

每个季度的最后两周，他带领团队对这个季度的 OKR 进行复盘，分析原因、总结经验教训，再设定下个季度的 OKR。实现 OKR 过程中需要与各相关方进行沟通的，也及时沟通。年底，他带领团队进行年度 OKR 复盘，再设定明年的 OKR（见图 2-1）。

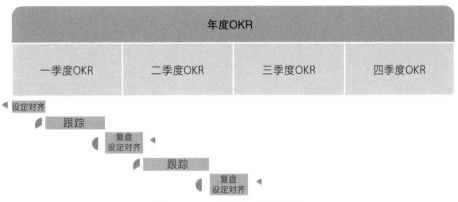

图 2-1 OKR 周期与动作样例

到了绩效评价的时候，他以与 OKR 相关的实际工作产出作为依据，按照公司的绩效考核方式进行评价。

在这个案例中，我们看到这位负责人按照如图 2-1 所示的时间节点，在每个季度都进行了"设定、对齐、跟踪、复盘"这 4 个 OKR 使用动作（见图 2-2）。

图 2-2 OKR 使用四大动作

第一步，在年初，自己初步设定 OKR，先对公司数字化转型这件事情进行思考，大致写出年度和季度 OKR。第二步，对齐 OKR。自己独立思考后，与各相关方沟通，达成一致，然后修改、确认各相关方的 OKR。在年初，除了对齐年度 OKR，还需要对齐季度 OKR，也就是确认一季度要实现什么目标。第三步，跟踪 OKR。前两步都是在一季度初完成的，而在一季度的工作过程中（例如 1 月 15 日—3 月 15 日），这位负责人每两周与团队跟踪 OKR 的达成情况，有问题及时调整。第四步，复盘 OKR。一季度末二季度初（3 月 15 日—4 月 15 日之间），这位负责人带领团队复盘一季度 OKR 的完成情况，总结经验和教训，再设定二季度的 OKR。这也同时开始了二季度的 4 个 OKR 使用动作。一年以季度划分，每个季度就是一个 OKR 周期，不断设定和对齐目标，围绕目标开展行动，并进行复盘。

有朋友说，这 4 个 OKR 使用动作似乎也没有特别之处。从形式上看的确如此，那么 OKR 到底有哪些独特之处呢？

第二节　使用 OKR 的五大特点

我们总结了使用 OKR 的五大特点供大家参考。这五大特点分别是：鼓励自发、透明协同、适度挑战、跟踪迭代、事后评价。了解这些特点后，不同公司在使用 OKR 时也可以根据自己的情况对 OKR 进行不同程度的"本土化"，形成自己的 OKR。

一、鼓励自发

在每个 OKR 周期，鼓励每个人在了解所在部门的大方向之后，首先写自己的 OKR，然后与各相关方沟通对齐。在上一节的案例中，"2023 年年初结合公司战略和内外部调研，这位负责人提议公司进行数字化方面的转型，这一提议得到了公司领导的认可"并独立思考设定 OKR，就体现了 OKR "鼓励自发"的特点。

实践中，建议公司先共创 CEO 的 OKR，再共创高管或各部门负责人的 OKR。这时高管或部门负责人需要站在自己角度思考："我们部门如何为实现公司 OKR 做出贡献？具体可以做些什么？"明确了部门的大方向或者 OKR，部门的员工也可以写出自己的 OKR，然后与各相关方对齐。

每个人的 OKR，可以是自己设定的，也可以是上级委派的。自下而上和自上而下相结合，鼓励每个人独立思考，而不是上级定好 OKR 让下属执行，这是 OKR 的使用特点之一。相比不少公司的层层目标都是自上而下而来的，"鼓励自发"这一使用特点让不少朋友眼前一亮。当然，设定 OKR 并不是高层不管，完全自下而上设定目标。

这样做，员工们会感受到被信任，可以通过 OKR 表达自己对工作的想法，让自己"被看到"。每个人都是自己 OKR 的负责人，发挥主人翁精神，为公司做出贡献。

二、透明协同

除了需要设置透明权限的 OKR，OKR 默认是在公司范围内对全员公开的。有些公司借助 OKR 系统，使上至一把手下至基层员工，所有人过去及现在的

OKR 全员可见。如果不使用 OKR 系统，也建议在一定范围内公开大家的 OKR，例如打印出来贴在工位上。OKR 的这个使用特点也是很多朋友赞不绝口的，很多时候公司内部信息的不透明会导致重复建设甚至力量抵消的问题。

在上一节的案例中，"团队同事和各相关方的 OKR 也是公开的，大家需要配合的地方都可以在 OKR 系统上看到，方便相互提示"，体现了透明协同。

在《这就是 OKR》中，作者写道：随着社交媒体的突破性成长，透明性已成为组织日常运营的默认设置，这是一条通往卓越的快速通道。然而，对于大多数企业而言，其目标仍然属于不可公开的秘密。有研究表明，与保持隐秘相比，组织中公开的目标往往更容易实现，只需要简单地按下"开放"按钮就可以全面提升目标达成的可能性。

公开大家的 OKR，有着诸多的好处。

- 有利于战略落地：公司 CEO、高管通过查看下级的 OKR，能够看到自己的 OKR 是否有人负责；中基层同事通过查看上级的 OKR，能够看到工作全貌，增强工作的意义感。

- 有利于横向协同：很多时候，有人觉得对方不支持自己，是因为不知道对方在忙一些对公司更重要的事情。公开透明的 OKR，可以让大家了解重点工作和目标是什么，更好地梳理优先级进行协同。

- 有利于取得结果："晒" OKR 产生的"群体压力"能够督促实现 OKR。例如，一位员工默默地设定了"我要提前完成某个项目"的目标，另一位员工把同样的目标写在 OKR 系统里（或者打印出来展示在办公室里让同事看见），并定期更新进展。相信大家一定知道，谁实现目标的概率更高。

- 有利于发掘人才：查看不同员工的 OKR，能够看到他们对工作的思考广度、深度，逻辑性、文字表达上的差异，让优秀的员工"浮现"出来。
- 有利于知识沉淀：新员工可以通过 OKR 系统，快速了解公司、团队过去的历史和现在的发展情况，以及复盘文档，更快地上手工作。
- 有利于团队建设：有些公司鼓励员工，在公司的 OKR 系统中公开个人发展、生活 OKR，促进员工之间的相互了解和信任。

三、适度挑战

OKR 鼓励设定"跳一跳能够得到"的目标。设立挑战性目标，然后努力去实现。"取乎上而得乎中"，这样做有可能取得更好的业绩结果，而不是设定能轻易实现的目标，原地踏步。

上一节的案例中，"考虑到 OKR 需要有一定挑战性，他提高了对质量和速度的要求，带领团队朝着更高的目标前进"就是这一点的体现。

因此，在 OKR 复盘时，如果发现 OKR 的完成度总是比较高（得分在 0.8 ~ 1 分之间），可能是 OKR 设定得不够有挑战性，低估了自己和团队的能力；而非常努力完成，得分在 0.6 ~ 0.7 分之间的 OKR，大概率来说设定得比较合理。

四、跟踪迭代

"在接下来的一个季度中，这位负责人每两周对照季度 OKR 与团队、各相关方一起跟踪进展、发现问题、解决问题。实现 OKR 过程中有调整的地方，他也及时与各相关方进行沟通对齐。"

　　"每个季度的最后两周，他带领团队对这个季度的 OKR 进行复盘，分析原因、总结经验教训，再设定下个季度的 OKR。实现 OKR 过程中需要与各相关方进行沟通的，也及时沟通。年底，他带领团队进行年度 OKR 复盘，再设定明年的 OKR。"

　　在上一节的案例中，设定年度和季度 OKR，并围绕 OKR 进行跟踪、复盘、迭代是必要的。朝着 OKR 指示的方向前进，同时"摸着石头过河"，遇到问题及时沟通、调整。这样才能快速应对内外部的各种变化。

　　有的公司将绩效目标设定好，保持一年不变。而 OKR 为了应对不确定的外部环境，提倡频率更高的过程目标，因为这样可以根据实际需要改变。同时，目标实现过程中需要有更多的过程管理，包括比年度周期更高频率的 OKR 周期，以及跟进、复盘，一个周期 OKR 结束后再迭代下个周期的 OKR，这样才能不断优化、快速前进。

五、事后评价

　　"到了绩效评价的时候，他以与 OKR 相关的实际工作产出作为依据，按照公司的绩效考核方式进行评价。"

　　OKR 不是为了考核而制定的，而是设定一个目标指引和激励人们朝着目标前进。大家为实现这个目标付出努力，共同创造更大价值。到了 OKR 周期末，把大家的成果拿出来看一看，论功行赏。这样，大家就不用在设定目标的时候，只想着如何完成考核而设定保守的目标，限制能力的发挥。事后评价的宗旨是让大家真正为了目标而努力，而不是为了考核而努力。

　　不少朋友看到这一使用特点，会眼前一亮。"如何把业绩做上去""如何拓展新市场""如何探索新产品""如何寻找第二曲线"是不少企业的痛点。如果用原来的老方法已经无法解决问题，也许 OKR 能够帮你实现突破。具体如何操作和选择，我们将在第三章中详细讨论。

第三节　OKR 广受关注，背后的趋势是什么

北京一所小学请五年级的学生"设定本学期的小组 OKR"；在求职网站上搜索"OKR"，能看到越来越多的相关工作职位；我曾参加一个社交活动，询问"知道 OKR 的请举手"，所有人都举了手……

最近几年，OKR 的确是流行起来了。虽然最近大家对 OKR 的看法已经回归理性，但总体来说 OKR 还是个流行词。除了企业界的"跟风"潮，究竟是什么让 OKR 流行起来了？我们认为，OKR 的兴起，代表了时代发展趋势。

趋势一：外部环境复杂多变

进入 VUCA 时代，环境的变化速度越来越快，复杂性也越来越高。企业需要更加敏捷地应对外部环境的变化。有研究表明，不确定性自 1996 年以来已经上升了 4.4 倍。这种不可预测性引发的风险正在导致越来越多的企业加速衰亡：自 20 世纪 60 年代中期以来，标准普尔 500 指数公司的平均寿命缩短了1/3 以上；企业管理难度增加，自 2003 年以来，企业 CEO 的平均任职时间下降了 50%。[1]

---

① 资料来源：《深度洞见 | 塑造跨越周期、韧性应变的活力组织》，罗兰·贝格咨询公司。

原来制定 3 ~ 5 年的战略，现在做 1 年、看 3 年；原来年初设定了目标和规划就不再更改，现在很可能到了年底，发现一大半都变化了；原来觉得今年销量增长 50% 就很好了，现在发现赶上行业风口，增长 100% 都不一定能赢得竞争；原来觉得已经取得一定的行业地位了，出现一个新技术，直接颠覆行业原有模式，甚至被另一个赛道的公司取代；原来按流程办事就好，现在发现要更快、更好地服务客户，组织需要更敏捷、灵活；原来上级做决策，中基层执行到位就很好，现在发现几个"聪明人"也想不清楚，必须更多人群策群力……

如何在激烈的市场竞争中活下来、活得好，是摆在眼前的难题。

战略管理领域有"理性派"和"过程派"之分。"理性派"深度洞察、精准预测，设定清晰的、唯一的战略最优解，然后执行。"过程派"重视应对不确定性，在动荡中保持组织思维的灵活性，通过流程与制度变革让企业更能应对变化。"理性派"是主流的战略管理范式，然而在当今的 VUCA 时代，它正面临着挑战[①]。影响未来发展的因素更多了，企业的发展不再是"线性"的，单纯的"自上而下"让高层无法敏锐地感知外部环境的变化并做出正确的决策。

从使用特点上看，OKR 强调的敏捷应对不确定性、上下共创共识、目标灵活调整都与"过程派"的战略管理一致。因此，当外部环境的可预测性降低时，倡导自动自发、挑战试错、复盘迭代的 OKR 就越来越受欢迎。

---

① 资料来源：《深度洞见 | VUCA 时代的动态战略规划》，罗兰·贝格咨询公司。

趋势二：年轻职场人追求平等对话、追求意义

不管你处在哪个年龄段，你周围都可能会多了很多"95 后""00 后"同事。

2022 年 3 月，腾讯媒体研究院发布了《"00 后"来袭——腾讯"00 后"研究报告》。该报告指出，"'00 后'的物质生活优越；在学校他们接受的教育更为多元化。""'00 后'的价值观中有一条是'懂即自我'。""'00 后'更加注重平等、包容的价值观。""他们跟任何人的对话方式都一样。"

在一次人力资源活动上，我发现参与活动的人中有 90% 都是"90 后"。我随机采访了几位"90 后"，问他们"什么是你理想中的好工作"，只有一个人谈到了钱，其他人的答案包括"工作有意思""工作能让我成长""被尊重的工作氛围"等。在喜马拉雅 App《组织进化论》的一期节目中，一位互联网行业的资深技术负责人刚入职就被年轻的团队成员"嘲笑"："连这个都不知道，还想当我们的上级。"

看来，单靠岗位权力、家长式权威和钱来管理年轻人，恐怕越来越难了。他们渴望被看到、被尊重、被激发、被平等对待，他们更加在意工作的意义感，以及学习成长。有些公司，例如美国通用电气、奥美、惠普、思科等，采取了"逆向导师制"[①]，让资深人士向年轻人学习，双向成长。

一家区块链公司的 CEO，将管理工具从 KPI 转换为 OKR。"OKR 适合年轻人的工作理念，让他们有新鲜感。'00 后'会觉得 KPI 是很过时的东西。但OKR 是现在的新方法，他们觉得很好玩。"

无论 OKR 这个管理工具是否会长期流行，我们相信 OKR 代表的追寻意义、

---

① 科洛波洛斯，克尔德森. 圈层效应［M］. 闫晓珊，译. 北京：中信出版集团，2019.

平等尊重、参与承诺、挑战试错、学习成长等精神，是组织中越来越多员工的诉求。

趋势三：组织走向敏捷式、赋能式

明茨伯格在《卓有成效的组织》[①]中，谈到了变形虫结构的组织。"没有办法提供组织结构图，因为结构变得太快，这种图根本没用。"这种组织结构中的战略形成过程的控制权不一定在战略高层，它们的战略是逐步"形成"的，通过一个个决策逐渐浮现，而不是由某个人"制定"的。"随着任务的开展，新的目标不断出现。"这种组织结构会选择性分权，把自上而下和自下而上相结合，非正式沟通非常重要，这种沟通方式可以应对快速变化且复杂的环境。

时至今日，结合不少科技互联网企业的实践，我们发现这类曾经写在书上的组织结构，正在日益变成现实。越来越多的组织正在逐渐扁平化、透明化，依据内外部需求，以目标聚合资源，形成一个个临时的团队。组织结构不是固定的，而是像"变形虫"一样不断变化的。

罗兰·贝格咨询公司在《塑造跨越周期、韧性应变的活力组织》[②]一文中谈到未来组织的特点。例如，关注敏捷的前台、赋能的中台和高效的后台；关注轻流程且具有迭代性，并基于流程和绩效指标推动跨职能合作；培育合作、创造力与创新精神，积极的失败反馈及从中汲取经验的能力；需要参与型、富有指导性的领导风格，赋能员工以保证积极的主观能动性，开放信息共享以保证实时有效的决策形成。

---

① 明茨伯格. 卓有成效的组织［M］. 魏青江，译. 北京：中国人民大学出版社，2007.

② 资料来源：《深度洞见丨塑造跨越周期、韧性应变的活力组织》，罗兰·贝格咨询公司。

当组织的结构不再是固定的、刚性的，当人们不只是依靠岗位权力来发号施令，当人们面对何时何地与谁合作的问题，都灵活多变的时候，用 OKR 来协作就尤为重要。一个 OKR 可以邀请不同部门、不同层级的同事共同参与。某个基层员工可能是一个 OKR 的负责人，而这位员工的上级、其他部门的同事也可能是这个 OKR 的参与者。这样，人和资源可以打破部门界限，通过一个个 O 和 KR 凝聚在一起，使资源在组织内部更好地调配和整合。

趋势四：远程工作与数字化工具

过去几年，人们更多使用了远程办公的工作方式。当你和同事、客户、供应商在不同城市甚至世界各地一起工作，不能在办公室里面对面沟通时，用 OKR 来对齐目标、实现结果产出就变得重要。"今后，'按时工作'将不再那么重要，因为管理者评价绩效的标准是员工的产出，而非工作制。"[①]

此外，OKR 系统（包括 OKR SaaS 和 OKR 私有化部署）也助力了 OKR 的流行，帮助企业以较低成本长期使用OKR，更快地进行公司管理的数字化转型。

OKR 系统，能够让人们在该系统上便利地同步和共享信息，提升信息透明度，让 OKR 的全部使用过程一目了然并且使其可记录、可追踪；能够借助 AI 等功能，帮助 OKR 用户养成使用 OKR 的习惯，提升使用质量；能够让 OKR 与其他管理动作（如各类会议、绩效评价）结合，防止"OKR 只是写在纸上、锁进抽屉里"。

前文分析了"OKR 现象"背后的趋势因素。在这些趋势之下，不少企业发

① 《2023 人才招聘趋势报告》，光辉国际，2023。

现传统"压指标"式管理的弊端日益显现，例如：

- 自上而下，上级定指标，下属被动执行，公司内部缺失对战略方向的理解和投入度；
- 过分关注财务指标，而忽略了大目标应该有的激励作用；
- 各部门的指标"背对背"，部门墙严重，难以为大目标协同；
- 不敢定太高的目标，习惯按部就班，难以实现跨越式发展；
- 一些部门的工作无法量化，很难管理和提升；
- 目标和指标设定好一般不变，不能应对外部环境的变化。

　　于是，不少企业的管理者，尤其是决策者，开始关注和尝试使用 OKR，希望能够对自己有所帮助。一家地产企业的 OKR 大使认为："OKR 的精神符合企业创始人团队的特质，他们具备 OKR 的思维方式，崇尚挑战、开放、创新、奋斗、成长、精进。他们也希望自己的员工能有这样的特质，想用 OKR 这样的管理工具激发员工跟自己保持一致。在企业中，经常出现管理层级多、管理人员多，目标对不齐，沟通不畅，打工心态，后台部门每年干着按部就班的'行活'等现象。而 OKR 承载的精神，正是企业决策者希望公司员工践行的。"这一点也就解释了，为什么 OKR 能打动企业决策者的心。

　　名噪一时的管理工具可能只是昙花一现。然而，来势汹汹的时代浪潮，总是会朝着既定的方向行进。无论叫什么花哨的名字、长成什么样子、具体如何操作，企业决策者掌握了 VUCA 时代目标管理的原理和思维方式，企业一定会与时俱进。

第四节 拆分价值来源，方能量体裁衣

一、OKR 有哪些价值

约翰·杜尔在《这就是OKR》中，谈到了OKR的四大利器：对优先事项的聚焦和承诺，团队工作的协同和联系，责任追踪以及挑战不可能。

推特的前CEO迪克·科斯特洛在一次接受采访时被问道："你从谷歌学到又切实带到推特的是什么？"他回答："OKR。""OKR是一个很了不起的方法，它帮助公司里每一个人了解什么是重要的，以及如何衡量重要的事情。沟通战略，以及如何衡量战略是一件非常重要的事。当你经营一家公司时，最难的事情就是沟通。**OKR就是确保每个人理解你如何衡量成功和战略的很好的方法。**"

在飞书2021年发布的OKR实践报告中，不少企业感受到"公司使用OKR一段时间后收获的主要价值"，主要包括：资源和精力聚焦最重要的事、更有效地落实公司战略、促进共识和协作、更有效地推动工作任务完成、减少目标上的博弈、提高自驱力、促进个人成长、沉淀更多可复用的知识和经验。

在问"你为什么喜欢OKR"时，我听到一些这样的回答：

- CEO：OKR帮助我把战略落地，而不是把战略写在墙上。
- 团队领导者：OKR帮助我很好地管理团队目标，一方面保证重点工作不跑偏，另一方面把团队的小伙伴调动起来。整个OKR的设定、对齐、跟踪、复盘过程有闭环，帮助我们拿结果。
- 团队小伙伴：OKR帮助我把事情想得更清楚，说得更明白。OKR同样帮助我学习、健身、带娃，让我活得更精彩。

如果你所在的公司或团队已经在使用 OKR，那么请你做一个如表 2-4 所示的小调研，看看自己得到的实实在在的价值有哪些。

表 2-4   OKR 价值评估表

OKR 带来的价值	感受到打 "√"
将公司战略执行得更好	
把资源和精力聚焦在最重要的事上	
把事情想清楚、沟通清楚	
提高公司内部透明度	
促进与团队内外部同事的协作	
跟踪过程，让工作有闭环和结果	
更加积极地面对挑战	
提高主人翁意识和责任感	
增加团队活力，激发创新	
总结沉淀了更多工作中的知识、方法	

二、OKR 的价值从哪里来

1. 将公司战略执行得更好

这个价值，从写好 OKR、对齐好 OKR、跟踪复盘好 OKR 中来。

如果公司有 500 个人，每个人都使用 OKR，大家用同一套语言思考、沟通，朝着共同的目标前进，并进行过程跟踪和结果复盘，那么公司的战略一定会更加高效地执行下去。

2. 把资源和精力聚焦在最重要的事上

这个价值，从只写 3 ~ 5 个 O 和 KR 中来。

你可能有 100 个项目要管理，你可能有 10 项业务要操心，然而每个 OKR

周期，你都只能写最多 5 个 O，每个 O 最多 5 个 KR！你可能会说，我要忙的事情那么多，5 个 O 怎么够？OKR 提醒你，朝着 10 个靶子开枪，瞄不准。强制做减法，保持聚焦，把精力放在最重要的事情上。

3. 把事情想清楚、沟通清楚

这个价值，从写好 OKR 中来。

如果你只是把最近要做的事情罗列在一起放进 OKR，或者只是把 KPI 里面的指标放进 OKR，这都不是真正的 OKR，不可能事半功倍。你需要思考清楚真正重要的是什么、到底为什么做、做得好是什么样的、做成这件事最关键的是什么，只有这样写出来的 OKR，才能让你在开工前想清楚要做什么。用这样的 OKR 与各相关方沟通，才更容易说清楚。

4. 提高公司内部透明度

这个价值，从公开大家的 OKR 中来。

如果写好的 OKR 只有自己和上级能看得到，那么结果还是没有办法提升公司内部的透明度。尽可能公开大家的 OKR，最好使用 OKR 系统，相互关注、评论、点赞，会更便捷地提高公司内部的透明度。

5. 促进与团队内外部同事的协作

这个价值，从对齐好 OKR 中来。

你的 OKR，是写好了放在那里，就默认大家都看完、同意、对齐了，还是会邀请相关的同事先看一看，开个会聊一聊，听听彼此的想法，从照顾各相关方的角度达成一致？与不熟悉的同事合作时，有没有想过先看看对方的 OKR，再聊事情？知道彼此在忙什么，才能更好地相互配合。

6. 跟踪过程，让工作有闭环和结果

这个价值，从跟踪复盘 OKR 中来。

你的 OKR，是写完了就放在那儿，平时忙别的事情，还是每一周或两周对照 OKR 看一看进展如何，工作需要快一些还是慢一些？写完 OKR，要回过头来打个分，更重要的是想一想，哪里做得好，哪里可以做得更好？下次写 OKR，应该怎么写？

踏踏实实跟踪复盘 OKR，工作才能有更好的结果，下次才可以做得更好。

7. 更加积极地面对挑战

这个价值，从事后评价、内在激励中来。

大家为什么不喜欢设定有挑战性的目标？因为害怕失败会丢面子、扣钱？动力不够？能力不足？鼓励自己和团队迎接挑战，需要先卸下考核和"胡萝卜＋大棒"的包袱，真正激发自己对实现目标的渴望，才能找到激励自身行动的"开关"。

8. 提高主人翁意识和责任感

这个价值，从自下而上设定 OKR、教练式领导力中来。

如果团队领导者总是定好 OKR，让员工执行，那么这个 OKR 真正的负责人永远不会是员工，因为"你是领导你说了算"。想激发员工的主人翁意识，需要团队领导者"退后一步"，鼓励员工设定 OKR，冲锋在前，团队领导者自己则作为"教练"在背后支持。

9. 增加团队活力，激发创新

这个价值，也从自下而上设定 OKR、教练式领导力中来。

创新，需要包容不同的想法，甚至是异想天开、看起来不靠谱的想法；需

要有"错了没关系，重新再来"的空间，而不是"一错就追责"的氛围；需要有"从失败中学习"的勇气、耐心和方法；还需要一些激励创新的机制、奖励、走出去开阔眼界的机会等。在科技创新成为时代潮流的今天，自下而上地设定 OKR，让团队领导者成为赋能者和教练是激发创新的好方法。

10. 总结沉淀了更多工作中的知识、方法

这个价值，从复盘 OKR 中来。

OKR 完成度很高，会不会是 OKR 设定得不够有挑战性？OKR 完成度很低，会不会是原来把事情想得太简单了？每一个 OKR 周期结束后，跟团队一起聊聊、评估、反思，看看如何优化，并记录下来。久而久之，你就会成为这个领域的专家。团队中的小伙伴也会成长得越来越快。

如果你用了 OKR 但没有感受到它带来的价值，可以看看哪里能做得更好，也可以从本书的其他章节获得启发。

反过来，不同公司期望 OKR 带来的价值不同，公司的现实资源也不同，你也可以根据这些进行选择。例如，如果公司目前的团队比较懒散，更希望落地战略，把管理层要求的事情踏踏实实做到位，对创新要求不高，那么你可以更多地自上而下设定 OKR。如果公司认为完全公开 OKR 的风险更大，那么就可以降低在提高透明度方面的期望，选择只公开一部分信息。

OKR 像是一个多面体，有的面具有普适性，例如 OKR 书写结构带来的思维价值；有的面会需要公司文化、人员情况等的匹配，例如自下而上、激发挑战。公司可以结合自身的需求和资源，量身定制，选择对自己有帮助的面来使用 OKR。

最后，我们来对本章开头的问题进行解答，如表 2-5 所示。

表 2-5　OKR 认知题目解答

表 述	正误	解释
OKR 以年度为周期	×	周期灵活，除年度 OKR 外，还需要设定季度 / 双月 OKR，也可以设定月 / 周 OKR
领导写好 OKR，下属执行	×	OKR 鼓励自发
除了特殊权限，OKR 默认是公开透明的	√	OKR 倡导透明公开
OKR 定好就不能改	×	OKR 在实现过程中可以根据实际需要调整
我管的事情多，可以写 10 个 O	×	一般建议写 3 ~ 5 个 O
到 OKR 周期末的时候，OKR 的分数高比较好	×	OKR 需要有挑战性，努力后得分在 0.6 ~ 0.7 分之间最合理
每个 OKR 周期开始时才用得到 OKR	×	过程中需要跟踪复盘
定好战略方向，再用 OKR 落地执行	√	OKR 不是来制定战略的工具，而是承接、落地战略的工具
用 OKR 对带团队和提高个人效能都有帮助	√	OKR 是团队管理和个人效能提升的抓手
对全员用 OKR 的 100 人公司来说，用不用 OKR 系统差别不大	×	OKR 系统有助于信息同步、保存，可以与其他管理动作结合。建议 30 人以上的团队使用

本章要点总结

+ 无论OKR是否用于考核，OKR首先是目标管理工具，以实现目标、取得结果为目的。

+ OKR的特点：鼓励自发、透明协同、适度挑战、跟踪迭代、事后评价。

+ 导致OKR流行起来的时代发展趋势：外部环境、年轻职场人的诉求、组织更敏捷、远程工作与数字化工具。

+ OKR带来的价值都有前提，可具体对照参考，也可以根据需要和资源量体裁衣。

第三章

在公司怎么推广 OKR

读完前面的内容，你可能对使用 OKR 有些跃跃欲试，又还有些顾虑。你可能会提出以下问题：

- OKR 适合我们公司或团队吗？

- 我 们 公 司 的 同 事，能 把 OKR 用 得好吗？

- 用 OKR 的公司，绩效考核怎么做？

- 公司以前用的是 KPI，可以把 OKR 和 KPI 一起搭配使用吗？

- 那些能把 OKR 用起来的公司，做对了什么？

- 为什么很多公司的 OKR 最后不了了之？

……

这一章，我们会探讨 OKR 与考核的关系，OKR 推广到什么程度算是成功，在公司内部推广 OKR 的步骤要点，并分享一些成功和失败的案例。

第一节　如何平衡 OKR 和绩效考核

一、关于目标和考核，到底纠结什么

前面我们介绍过，OKR 不是考核工具，而是通过目标管理创造价值的工具。大家可能会问，用了 OKR 的公司，该怎么做绩效考核呢？如果 OKR 跟绩效考核完全没有关系，那么谁还有动力使用 OKR 呢？

说到 OKR 与绩效考核，大家可能都会有各种各样的纠结。

- 从公司角度出发，可能这样想：如果不把 OKR 作为绩效考核工具，我怎么激励员工呢？我怎么保证员工好好干活、不犯错误呢？
- 从员工角度出发，可能会这样想：事后论功行赏，让我朝着目标前进，最后活干好了，我的绩效怎么算，给我多少钱？我觉得我干得好，公司觉得我干得不好，怎么办？

从公司的想法中，我们看到了以下假设。

- 只有绩效考核、物质激励，才能激励员工。
- 只有绩效考核、"大棒"，才能让人产生敬畏，达到绩效的标准。
- 评价一个人的好坏，看 OKR 完成得怎么样。

从员工的想法中，我们看到了以下假设。

- 工作是为了挣钱。

- 提前说好努力与分钱的关系，心里才有底。

- "功劳"和"评价、分钱"的标准，需要提前达成一致。

在使用 OKR 的五大特点——鼓励自发、透明协同、适度挑战、跟踪迭代、事后评价中，我们看到了以下假设。

- 每个人都有潜力干得更好，需要依据信息做判断，思考为大目标做出什么贡献。

- 提前设定必须达成的"承诺"目标，可能会束缚潜力的发挥。

- 事前设定的目标，在实现过程中可能会变化，需要结合实际情况调整。

- 绩效好不好，事后用实际绩效结果说了算，而且需要考虑内外部情况，看"相对分数"。

这里有几个关键词需要我们思考。

- 确定性：年初设定的目标，到年底会变化多少，事前能不能定下来？工作成果和物质回报的关系能不能在工作前就确定？

- 信任：公司是否相信员工有能力干得好、有意愿干得好，还有很多潜力没有发挥出来？员工是否相信公司有前途，相信公司不会亏待自己？

- 激励：人是为了钱而工作，还是也可以为了其他东西而工作？

- 挑战型目标与承诺型目标：管理公司，是要保住必须达成的承诺绩效底线，还是要拉高绩效平均值的上限，追求更优？

- 功劳的评价标准：评价绩效，是把年底的实际绩效结果跟年初公司自己设定的目标对比更有效，还是跟市场竞争者对比更有效？

不难发现，OKR 如果运用得当，公司就会呈现一个如图 3-1 所示的循环。

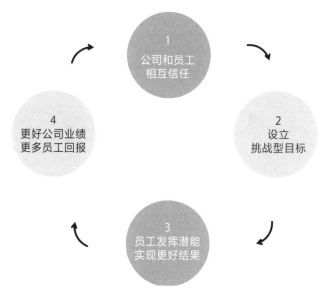

图 3-1　OKR 的目标与绩效循环

假设公司和员工相互信任，于是大家共同设立挑战型目标来激励员工，同时结合很好的过程管理，让员工发挥更大潜能，实现更好结果，公司能够取得更好业绩，员工也能得到更多回报，这就是常说的"取乎上，得乎中"。

而很多公司呈现的，是如图 3-2 所示的循环。

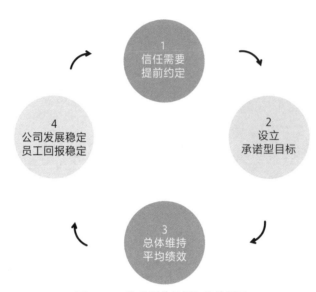

图 3-2　一些公司的目标与绩效循环

　　假设公司和员工之间的信任需要提前约定（公司担心员工干不好，员工担心干了活公司不给钱），于是公司设定承诺型目标，用"胡萝卜"也就是物质奖励激励绩效好的员工，用"大棒"也就是惩罚措施惩罚绩效不好的员工，确保员工达到绩效底线。在这种情况下，以承诺型目标为"靶子"，大部分员工会维持平均绩效（不会干得那么坏，也不会干得那么好），公司获得稳步发展，员工获得稳定回报。

　　丹尼尔·平克谈到了驱动力的 1.0、2.0 和 3.0[①]。驱动力 1.0，假设人类是为生存而挣扎的生物。驱动力 2.0，假设人类会对环境中的奖励和惩罚做出反应，用"胡萝卜 + 大棒"让人们"遵守"规则，**人们会维持平庸的绩效，但无法达**

① 平克. 驱动力 [M]. 龚怡屏，译. 杭州：浙江人民出版社，2018.

到卓越。驱动力 3.0，假设人类也有第三种动力来学习、创造和改善世界，人们"敬业"和"卓越"。他还指出，用驱动力 3.0 达成卓越绩效需要靠三个方面来驱动：自主（人们有发挥的空间，而不是被限制得很"死"）、专精（人们能够不断练习，并越来越擅长某项工作）、意义（人们从工作中找到意义感）。

试想一下，古今中外各行各业的顶尖人物，无论是杰出的科学家、企业家，还是著名的艺术家、体育健将，真的只是被金钱驱动吗？无论是出自对未知的探索、对事业的热爱，还是出自"造福人类健康""让人们热爱体育"之类的使命感，他们都体现了驱动力 3.0。

OKR 如果运用得当，可以通过驱动力 3.0 来激发人实现卓越。跟值得信赖的人同甘共苦，做有意义的事，发挥更大的潜力，创造更大的价值。

全景领导力的研究表明，人有两类驱动因素，一个是恐惧，一个是意义。用恐惧驱动员工，例如干不好惩罚，会带来"震荡回路"的绩效。当这种恐惧存在的时候，人为了躲避它，会好好干；而当这种恐惧消失的时候，人又会回到原来的状态。例如，老板在的时候好好干活，老板不在的时候偷懒。用意义驱动员工，激发他自身的动力，会使绩效持续上升，刚开始也许上升得慢一些，但后期会上升得很快。这就是驱动力 3.0 产生的效果，这也印证了德鲁克先生所说的"管理是为了激发人的善意"。

也许有朋友说，这样是不是太理想主义了？人性不就是懒惰的、贪婪的吗？如果有钱养家糊口，谁还努力工作？的确，人性是复杂的，而管理就是做选择。你需要根据你所在的公司或团队相信什么，以及所处的阶段，来决定哪一种选择效果更好、成本更低、效果更持续。

二、"目标—评价—激励"闭环

下面，我们来探讨如何平衡 OKR 与绩效考核（也叫"绩效评价"）的关系。我们来看一下目标绩效的 PDCA 闭环，如图 3-3 所示。

Plan:目标设定
- 设定目标
- 达成共识
- 形成计划

Do:目标执行
- 辅导反馈
- 跟踪过程
- 产出绩效

Act:结果应用
- 薪酬激励
- 学习发展
- 持续改进

Check:绩效评价
- 绩效评定
- 绩效反馈

图 3-3　目标绩效的 PDCA 闭环

下面，我们来看从实践中观察到的三种模式。（假设以自然年作为一个目标绩效循环）

1. 模式一

如果选择相信确定性，公司希望员工保底线，员工也希望明确"干多少活给多少钱"，那么 PDCA 闭环的四个环节是紧密关联的。

年初定好目标，年中跟踪过程，年底看实际绩效结果完成得怎么样，跟年初设定的目标对比，评价出绩效的优良中差。然后结合绩效评价结果，考虑是否给员工发放奖金、升职、加薪。

由于年底的绩效评价的依据就是年初设定的目标，上级往往希望目标设定得高一些，而下级往往希望目标设定得低一些。各方博弈之后，以这种模式最后确定的年度绩效目标，相对来说不会太有挑战性。

很多企业的 KPI 就是这样的（见图 3-4）。从目标设定、目标执行，到绩效评价，再到结果应用，都使用统一的标准。

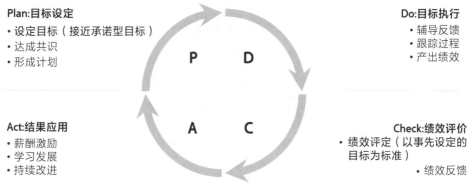

Plan:目标设定
· 设定目标（接近承诺型目标）
· 达成共识
· 形成计划

Do:目标执行
· 辅导反馈
· 跟踪过程
· 产出绩效

Act:结果应用
· 薪酬激励
· 学习发展
· 持续改进

Check:绩效评价
· 绩效评定（以事先设定的
　目标为标准）
· 绩效反馈

图 3-4　模式一下目标绩效的 PDCA 闭环

如果有的企业使用 OKR，但是直接把 OKR 的完成情况与年初设定的 OKR 进行对比，得出绩效等级，进行奖励，那么这种做法在本质上也属于模式一。

假设你是一家科技公司的销售人员张三，你去年完成了 90 万元的销售业绩，今年年初会愿意给自己定多少万元的销售业绩目标呢？可能保守点，还是 90 万元。假设你是张三的上级、销售总监李四，会希望给他定多少万元的销售业绩目标呢？当然越高越好，你觉得他去年能完成 90 万元的销售业绩，那么今年就上涨 20% 左右，销售业绩目标定在 110 万元。经过一番讨价还价，最后张三的销售业绩目标是 100 万元。同时，你们也明确了，完成 100 万元的销售业绩目标给多少绩效奖励。销售总监把团队 2000 万元的销售业绩目标就这样拆分下去了，他心里有底，销售人员心里也有底，知道完成 100 万元的销售业绩目标的奖金是多少。

到了年底，销售总监李四把当初定好的销售业绩目标 100 万元和对应的绩效等级、发奖金的系数拿出来与张三的实际完成情况对照，评价绩效。如果张三完成了 80 万元的销售业绩，绩效等级可能是合格，发奖金的系数可能是 0.8；如果张三完成了 120 万元的销售业绩，绩效等级可能是优秀，发奖金的系数可能是 1.2。用公式计算，很快就能得出张三的奖金金额。

有可能到了 10 月，张三发现 100 万元的销售业绩目标已经完成得差不多了，如果今年超过太多，明年的销售业绩目标还得提高很多。索性"悠着点"，或者刻意把一些单子放到 1 月以后来签单。因为他对标的是"完成 100 万元的销售业绩目标"。

有可能今年市场行情特别好，竞争对手的增长都在 50% 以上，但是张三还是以 100 万元的销售业绩为目标。他虽然完成了 100 万元的销售业绩，绩效良好，但实际上公司已经落后了。

大家觉得，模式一有哪些特点、优势和劣势呢？

特点：

①事前预测：事前明确目标，明确工作量对应的绩效等级，以及应得的奖励。

②目标、评价、激励牢牢绑在一起：根据实际的绩效结果与事前明确的目标对比，得出完成度，给员工发放奖金、升职、加薪。

优势：

①年初约定清楚对照的"固定靶"，增加公司和员工的安全感。对公司来说，员工对达成绩效有约定；对员工来说，公司对达成绩效的奖励也有约定。

②年底把实际绩效结果与年初设定的目标进行对比（不同公司和岗位有不同的计算方法），计算绩效等级和奖金金额，简单方便。

劣势：

①上下博弈，往往不会设定真正有挑战性的目标，实现目标的过程中也不一定能激发员工的所有潜力。其实张三本来可以做得更好，但是对照"固定靶"，他觉得差不多就可以了。

②不对照外部环境变化，只按照年初设定的目标这样一个"固定靶"来考核。无论市场情况怎么样，公司是亏钱还是赚钱，年初定好工作量和对应奖励，年终就按照约定执行。

2. 模式二

如果选择相信极大的不确定性（或者实在是确定不了目标），无论公司还是员工都在探索，或者发现变化太大了，同时公司和员工相互信任，那么年初就大致先定一个目标，尤其是可以设定有挑战性的目标，大家一起努力朝着更高目标前进。实现过程中有变化及时调整。年底对实际绩效结果进行评价，将年初设定的目标和实现过程中的情况作为参考。

模式二就仿佛是在 PDCA 的闭环中，在 Do 和 Check 之间加了一把"剪刀"。用 OKR 管理事前的 Plan 和事中的 Do，用绩效考核系统评价事后绩效，评出绩效等级，再对应激励（见图 3-5）。

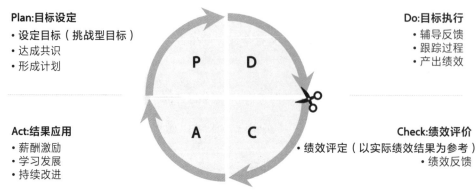

Plan:目标设定
· 设定目标（挑战型目标）
· 达成共识
· 形成计划

Do:目标执行
· 辅导反馈
· 跟踪过程
· 产出绩效

Act:结果应用
· 薪酬激励
· 学习发展
· 持续改进

Check:绩效评价
· 绩效评定（以实际绩效结果为参考）
· 绩效反馈

图 3-5　模式二下目标绩效的 PDCA 闭环

还是用前面模式一中张三的例子，我们看看在模式二下会是怎样的情形。

销售人员张三是一家科技公司的销售人员，去年完成了 90 万元的销售业绩。今年年初，销售总监李四根据外部市场环境的情况判断，今年可能会是这个赛道加速的时期，很多政策利好。于是，有了下面的对话。

李四先介绍了今年的市场环境和总体行情预判，然后说：咱们可以定一个更有挑战性的目标，想得"大"一些，冲一把。你看看，定多少合适？

张三：努努力，150 万元吧。

李四：150 万元，有点小看自己吧？今年的市场情况好，业绩有可能要翻几倍呢。要不定 300 万元怎么样？我知道有点高，没关系，今年很多政策利好，赛道加速。咱先奔着 300 万元的目标努力干，就算实现不了也没关系，相信你有这个潜力。真的干好了，公司不会亏待咱们的。

张三受到李四的激励，既相信自己能实现更高的销售业绩目标，也相信公司，打算试一试。于是，张三同意设定 300 万元的销售业绩 OKR。同时，他跟李四一起思考，用什么样的方法才有可能完成 300 万元的销售业绩，很多去年用的方法今年需要换一换。

工作过程中，李四每两周、每月跟进张三的销售情况，给予辅导、支持，并根据市场情况调整市场策略，不断给张三打气。到了年底，张三完成了 200 万元的销售业绩。

在评价绩效的时候，虽然 200 万元的实际绩效结果与 300 万元的销售业绩目标相比，只完成了 66%，但这不是最重要的，因为目标本来就设定得比较有挑战性。李四把 200 万元的实际绩效结果，与外部市场上同类岗位的薪酬情况、公司内部同类岗位同事的实际绩效结果进行比较，同时考虑到张三对团队的贡献（除了销售业绩，还收集了行业信息，总结了大客户签单的秘籍），综合评价绩效等级，给张三发放了奖金并予以晋升。

我们来看一下，模式二有哪些特点、优势和劣势。

特点：

①事后评价：事前不约定完成 OKR 后定什么绩效等级、给多少钱，而是用 OKR 作为激励员工实现目标的方式，激励大家朝着目标努力；事后结合公司内外部的情况来进行绩效评价，真正以"结果"说话。用 OKR 来创造价值；用绩效考核来评价价值；用薪酬激励来分配价值。（建议企业设计合理的激励机制，让员工看到自己创造更大价值，也能收获更多物质奖励。）

②绩效评价看实际绩效结果而非 OKR 完成度：事后把实际绩效结果（案例中的 200 万元，而不是 66%）拿出来与内外部情况进行比较。激发大家设定更

高目标，"取乎上"，而不是用"胡萝卜＋大棒"束缚大家的潜力。公司和员工不再是博弈关系，而是共同努力。

③将实现 OKR 过程中的实际绩效结果都作为绩效评价的依据：绩效评价时，不只是参考年初 OKR 中的内容（如销售业绩目标为 300 万元），也可以考虑其他维度的产出（如案例中张三对团队的贡献）。例如，甲和乙有着相同的岗位和职级。甲只完成了 200 万元的销售业绩，乙不仅完成了 200 万元的销售业绩，还挖掘了新产品的需求，并给公司带来了成果。那么乙的绩效评价就应该比甲好。只有这样做，才能真正让有更多产出的同事被看见、被鼓励、得到实惠。

优势：

①应对不确定性：不管预先设定的目标高低，在实现过程中加强沟通，可以根据实际需要调整目标，事后用实际绩效结果说话。

②结果导向：不是与自己预先设定的"固定靶"对比，得出绩效等级，而是按照市场经济的原理，考虑内外部竞争的情况，也就是与"浮动靶"对比。例如，虽然跟原来设定的 OKR 相比，你的绩效增长了 50%，可是赶上风口，竞争对手普遍增长了 200%，你的增速没有赶上别人的，那么你的绩效评价可能是合格，或者低于预期。反过来，原来设定好 OKR，结果遇到市场寒冬，你的业绩没有增长反而倒退了 10%，而竞争对手则倒退了 50%，考虑到各方面情况，公司给你的绩效评价也可能是良好甚至优秀。

③拉高上限：卸下考核的束缚，公司和员工不再博弈，真正以目标为导向努力，激发人的潜能。如果公司里每个人的绩效都比原来提升了一大截，那么公司的平均绩效很可能会高于市场竞争对手。通过提高公司平均绩效的上限，

来提升整体绩效，鼓励创造价值，获得更多回报。同时，绩效不好、跟不上的员工，自然而然也就被"落下"了。

劣势：

①绩效浮动大：优秀的团队管理者，如果做好过程中的领导和管理，再配上有潜力的员工，可能取得卓越的绩效；而糟糕的团队管理者如果没有做好过程中的领导和管理，甚至放任不管（因为没有强制目标了），包括不跟员工沟通明确绩效期望、不及时跟进进展、不及时根据需要调整 OKR，再碰上放任自流的员工，有可能带来更差的绩效（因为没有保底线的要求）。

②评价更复杂：不是简单地用 200 万元除以 300 万元，得出 66% 的绩效等级并据此算奖金；而是需要参考内外部情况做出判断：市场行情怎么样？公司的资源支持如何？员工的实际产出如何？哪些是短期能看到结果的，哪些是需要长期储备的工作？员工对团队贡献怎么样？跟同岗位同职级的其他同事相比如何？跟市场上同类岗位的产出相比如何？如果换一个员工，在同样的市场和资源下，会有多大差别？如果团队的领导者没有做出合理的判断，团队的同事可能在下一个 OKR 周期不会选择继续信任和投入，因为担心被"忽悠"。

3. 模式三

我们再来看一下模式三。也许有的企业会说，我们的不确定性没有那么高，事先可以预测一部分。模式一保绩效底线，但是不能激发潜力；模式二提高上限，但是不保绩效底线，有没有既保绩效底线又提高上限的方法？那就是一些公司使用的 OKR+KPI 方法，或者挑战型 OKR+ 承诺型 OKR 的方法（见图 3-6）。

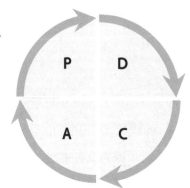

图 3-6　模式三下目标绩效的 PDCA 闭环

还是以销售人员张三为例，我们看看在模式三下，情况会是怎样的。

张三是一家科技公司的销售人员，他去年完成了 90 万元的销售业绩。今年年初，销售总监李四和张三讨论张三今年的销售业绩目标。结合市场行情、张三的岗位职级，以及公司的激励政策，李四这样建议：

考虑到市场行情和你的岗位职级，建议你先设定一个 70 万元的保底销售业绩目标（叫 KPI 或承诺型 OKR）。70 万元的销售业绩目标是这个岗位的最低要求了。根据你的能力，70 万元我估计是没有太大问题的。如果完成不了 70 万元，就说明你不胜任这个岗位了，需要转岗或优化。

同时，建议你设定一个挑战型 OKR，你看看定多少合适？你不要小看自己，其实你是非常有潜力的！咱们可以一起想一想，用哪些方法可以实现这么多的增长，可能需要采用一些新方法。

如果到年底，完成的销售业绩在 70 万 ~ 150 万元，奖金比例是××%；销售业绩在 150 万 ~ 200 万元，奖金比例是××%；销售业绩在 200 万 ~ 250 万元，奖金比例是 ××%；业绩在 250 万元以上，奖金比例是 ××%。总之，你的实际绩效结果越高，今年的奖金一定越多，而且达到 ×× 万元，还可以考虑给予升职加薪和中长期激励。

　　除了销售收入，公司当前还鼓励探索新的产品线和团队建设、文化建设。在这三个方面，你也可以设置几个 O 和对应的 KR。到年底，这三个方面的贡献，会综合在一起作为绩效评价的参考。公司有这方面的专项奖励基金，也可以与中长期激励挂钩。

最后，张三定了 300 万元的挑战型 OKR，与李四达成了一致。设定好 OKR 之后，在实现过程中李四和张三也一直保持着定期的 OKR 对齐、跟踪、复盘。遇到需要调整的情况，与各相关方确认后也进行了及时调整。

到了年底，张三完成了 180 万元的销售业绩，李四按照之前的绩效约定来评价绩效等级，发放奖金。同时，结合张三在探索新的产品线和团队建设、文化建设这三方面的贡献，以及公司内外部的情况，发放专项奖励，以及给予中长期激励。

我们来看一下，模式三有哪些特点、优势和劣势。

特点：

①事前预测和事后评价相结合：对于可以明确的部分进行约定，例如明确该岗位必须完成的销售业绩（承诺型 OKR），以及不同的销售业绩完成情况对应的绩效等级和激励方式。事后也结合这一年实际工作中新增的创新的工作产出进行评价。

②承诺型 OKR 和挑战型 OKR 相结合：明确了一年完成销售业绩 70 万元的承诺型 OKR，同时约定挑战型 OKR。

优势：

①兼顾稳妥和灵活，事前预测可确定的部分，事后评价不可确定的部分。既给了公司和员工"定心丸"，又考虑到过程中的变化。

②兼顾保绩效底线和提高上限的优点。有一点要分享的是，建议底线目标不宜设定得太高，因为这样可以让员工有安全感，心里"踏实"地去挑战更高的目标。有些公司的承诺型OKR就已经非常难实现，那么久而久之当大家发现根本实现不了的时候，OKR也就不具有激励效果了。

劣势：

①提高了管理成本。整个过程需要考虑确定性与不确定性，设计周全，还需要做很多沟通，比前两种模式的成本都高。这里有几点建议供参考。

- 对于把年度KPI作为结果考核，把OKR作为过程管理工具的公司，建议保持这种做法。毕竟KPI每年年初设定一次、年底评价一次，过程中用OKR管理，成本不算太高。但当年底评价KPI时，建议结合实现OKR过程中"冒出来"的事项的结果（例如新项目、新需求），共同作为评价依据，让评价融合OKR的灵活性。

- 对于每个周期既需要写KPI又需要写OKR的公司，可以考虑统一写到OKR中，分为承诺型KR和挑战型KR。

- 建议做好沟通，让团队领导者和员工理解施行这种机制的初衷，是信任、激励、共赢，而不是让大家误解，认为增加了一套新的"KPI"来要求大家。

② KPI 的深度用户，还没有脱离 "KPI" 的牢笼，很可能还总是设定保守目标，难以建立 OKR 思维。

下面，我们来看一家企业如何将模式三付诸实践。

某软件互联网企业案例

有一家软件互联网企业，按照模式三的思路，融合 OKR 和 KPI 的理念进行了目标和绩效管理的设计。考虑到公司的管理主要是项目组制，结合业务特点，公司设置 ABC 三类公司 "积分"。根据项目交付目标，项目组内部制定换算规则。例如这个项目 ABC 积分之和是 100，产品经理占多少分，技术人员占多少分，由项目组内部自己分。项目最终**达成客户验收**，整个项目组才能获得 ABC 积分。根据项目里程碑，确定积分归属。每两个月评价一次。

- A 积分（项目交付目标）：类似 KPI，是承诺型 OKR。A 积分评价项目质量和效率，这类项目既是公司现有业务，又是创新的种子，是公司必须守住的生命线。某位员工当月必须获得多少 A 积分，是结合这位员工的岗位和薪资而来，必须完成的，也就是每个人需要把自己的成本 "赚" 回来。

- B 积分（软性能力目标）：用于评价员工的团队协作、责任心、响应度、情绪管理。对于 A 积分不达标但 B 积分不错的员工，可以观察 2 个双月，或者半年。每位员工的 AB 积分数量，需要事前约定好。公司通过 A 积分和 B 积分，用来确定和评价人员是否符合岗位的要求。

- C 积分（创新目标）：类似 OKR，是公司鼓励的创新，可以事前申报，也可以事后评价。例如，某位员工在工作中发现了一个创新点，可以在启动前跟公司申报，被认可后投入工作。创新的产出，就使用 C 积分进行评价。C 积分在某种情况下可能影响 A 积分，由公司决定，避免项目组成员自己认为做的是好东西。

这家公司的实践，就结合了保绩效底线（用 AB 积分制定同事们必须达成的承诺型 OKR）和鼓励上限（用 C 积分激励创新和挑战）的设计，并采用事前预测（AB 积分事先约定）和事后评价（C 积分事先申报、事后评价，最终以客户验收为大前提）的方式，驱动项目组各岗位员工围绕客户满意的大目标努力，在实践中取得了不错的效果。

大家可以对照这三种模式的介绍，看看自己公司（包括不同层级和不同部门、岗位）使用的名义上的"KPI"或是"OKR"，从本质上看，究竟属于哪一种模式，是否发挥了应有的效果，以及如何改进。

重要的不是公司正在使用的目标和绩效管理工具叫作"KPI"还是"OKR"或其他名字，而是其背后的理念和本质。无论使用了什么"文具"，只要把握精髓，并结合公司实际情况调整，都有可能"学习好"。怕的就是，今天换这个"文具"，明天换那个"文具"，却都没有用到精髓，只得到"差生文具多"的结果。

希望大家结合这三种模式的特点，根据公司的业务和管理情况，创造出适合自己的目标绩效管理模式，并真正推动公司的发展。

三、OKR 与 KPI

对 KPI 的重度用户来说，清楚 OKR 与 KPI 的区别是必要的。读完前面的内容，希望你对此已经有了一些认知。不同企业的 KPI 用法千差万别，因此大家脑海中的"KPI"也已经不是 KPI 教科书[①]上的样子。我们在这里列出大部分企业的 KPI 与 OKR 的区别，如表 3-1 所示，供大家参考。

表 3-1　KPI 与 OKR 的区别

	大部分企业的 KPI	OKR
与战略的关系	支持战略	支持战略
包含内容	指标、任务	目标、结果、路径 / 任务
对待挑战	不强调	鼓励挑战
是否可变	默认 / 尽量不变	可变，定期复盘调整
制定方式	自上而下主导，上下结合	鼓励自发，各方对齐
过程管理	取决于管理者	重视过程
周期	年度 / 半年度 / 季度 / 月度	年度 / 半年度 / 季度或双月
责任人	公司 / 部门 / 个人	以"人"为单位
是否用于考核	直接关联，事先预测	不把完成度直接用于考核，事后评价
是否有系统工具	有	有

KPI 与 OKR 都支持战略，企业围绕战略来设定 KPI，或者围绕战略设定 OKR。

从包含的内容来看，KPI 一般只包含指标和任务，例如 KPI：销售额达到 ×× 万元，利润率 ××%，招聘人员数量 ×× 人，人效达到 ×× 万元。有些企业会依据设定好的 KPI，设定工作任务。不同的是，OKR 则包含目标、结果、

---

① 如《关键绩效指标：KPI 的开发、实施和应用》。

路径 / 任务，O 需要包含一项工作的目标，KR 写关键结果（包含定量的指标和定性描述）。有些企业会把工作任务写进 OKR，有的会单独列出工作任务。

KPI 强调承诺，是必须达成的，有些企业的 KPI 挑战性较大，也有些企业的 KPI 基本能完成。而前面谈到，鼓励挑战，设定"跳一跳能够得到"的目标，是 OKR 的特点。

不少企业的 KPI 是默认不变的，年初定好 KPI，年底对照考核。也有些企业的 KPI 可以调整。OKR 是可以根据内外部实际情况而调整的，当然这是以各相关方对齐为前提，并不是单纯为了降低挑战性。

不少企业的 KPI 是以自上而下为主设定的，也有些企业会结合自下而上设定。OKR 更强调每个人都需要先独立思考再进行对齐，把自上而下和自下而上结合起来。

不少企业的 KPI 只是年初定好，年底用来考核计算奖金，实现过程中的管理取决于各团队管理者的风格。OKR 重视过程，不但有年度 OKR，还有季度或者双月 OKR，而且强调每个周期都需要有设定、对齐、跟踪、复盘这样的过程管理。

从设定周期上看，不少企业有年度 KPI，也有些企业有半年度、季度甚至月度 KPI。OKR 一般首先有年度 OKR，然后有季度 OKR 或双月 OKR，企业可以结合实际情况选择周期。

不少企业的 KPI 分为公司层面和部门层面，有些企业也有个人 KPI。OKR 一般是以"人"为单位进行管理的，每一个 OKR 都有责任人。

KPI 与考核直接关联，一般在周期初预测和约定好，在周期末考核执行。OKR 不把完成度直接用于考核，而是把事后的实际绩效结果作为考核依据。

KPI 和 OKR 都有系统工具支持。

我们梳理 KPI 与 OKR 的区别，并不是借此说明孰对孰错，而是希望大家能结合企业的自身情况量体裁衣，甚至发明创造自己的 OKR。

第二节　推广 OKR，如何定义成功

看到这里，大家可能会想，也许可以在公司试着推广 OKR 了。那么，在推广 OKR 的过程中，可能有哪些经验，有哪些陷阱呢？

结合 OKR 的理念，我们也许可以首先从成功推广 OKR 的"关键结果"开始思考。推广 OKR，怎样才叫"成功"？

最直观的衡量标准，就是一家公司有多少人在使用 OKR，坚持使用了多长时间，活跃程度如何。如果一家公司用了 OKR 很多年，而且全员使用，OKR 也融入了工作的各个环节，那一定是 OKR 给公司带来了业务价值，OKR 推广就是"成功"的。而如果一家公司用了 OKR 几个月，越来越多人不写、不用 OKR 了，那么 OKR 推广一定算不上"成功"。

因此，对 OKR 这样一个需要大家参与的管理工具来说，使用 OKR 的每一个人都是一个"用户"。OKR 推广到何种程度算是成功，一方面看 OKR 是否真正成为公司的管理抓手，并实现了公司的期望，另一方面，也是第一点的前提，是用户的数量（使用 OKR 的人数不是绝对的衡量标准，只作为参考）、忠诚度、活跃度。

我们设想了如表 3-2 所示的这些问题，供大家参考。

表 3-2　OKR 推广效果自测

参考维度	问题
意愿	• 自愿使用 OKR 的团队和用户有多少人？ • 在匿名调研中，有多少人支持 OKR？支持程度怎么样？ • 在匿名调研中，有多少人愿意推荐自己团队的同事使用 OKR？
能力	• 是否在规定的时间点内，进行 OKR 的四个动作？ • OKR 的四个动作做到位了吗？（参考第五到八章） • OKR 设定的质量怎么样？ • OKR 大使的 OKR 专业能力如何？
程度	• 使用 OKR 的范围有多大？使用年限有多长？ • 是否使用了 OKR 系统？ • 在哪些管理流程中体现了 OKR？（例如战略解码和执行、招聘、入职、绩效评价、晋升） • 每一个周期，团队在 OKR 系统上的活跃程度如何？（如登录次数、填答率、对齐率等） • 有多少团队把 OKR 的四个动作视为规定动作？
效果	• 对齐目标，执行战略 • 聚焦重点 • 促进协同 • 增加活力、激发创新 • 总结沉淀知识和方法

想清楚"OKR 推广成功是什么样子"，也就是成功推广 OKR 的衡量标准之后，可以结合公司实际情况明确具体的推广方式。

第三节　推广 OKR 的四步实践

在这一节，我们将为大家介绍公司推广 OKR 的四大主要步骤。OKR 的引入，本质上是一场变革。因此，在 OKR 推广过程中，企业也可以借鉴约翰·科特在《领导变革》中提出的"变革八步法"。

第一步：诊断

在真正推广 OKR 之前，明确公司是不是适合使用 OKR，是不是适合现在推广 OKR，是必须先谨慎、理性思考的问题。想清楚再做，比贸然开始更重要。如果你希望大致判断自己所在的企业是否适合使用 OKR，可以从如表 3-3 所示的这些维度做些思考。

表 3-3　OKR 准备度自测

参考维度	问题
必要性	• 公司目前的业务情况如何（包括行业、产品 / 服务、市场空间、竞争情况、人员规模、所在区域等）？ • 公司现在所处的发展阶段是什么？ • 期望 OKR 帮助公司解决的问题有哪些？ • 目前公司业务面临的变化的程度如何？ • 公司现有的目标和绩效管理方式是什么？
匹配度	• 公司过去和未来 1 ~ 3 年的战略方向是否清晰？ • 哪些人参与了战略方向和目标设定？ • 公司坚持什么样的企业文化和管理理念？ • 公司招聘时，往往看重哪些因素？ • 公司使用线上办公工具吗？
投入度	• 发起人是谁？ • 公司会有专人负责推广 OKR 吗？ • 负责人的背景如何？

基于以上问题，可以进行三个维度的思考。

一是必要性。

- 发展阶段越成熟、人员规模越大，使用目标和绩效管理工具的必要性越大，同时 OKR 的推广难度也会更大。

- 团队的远程管理越多，OKR 上下左右对齐协同的必要性就越高。

- 重点关注公司现在面临哪些挑战，判断企业对 OKR 的期望是不是 OKR

能够带来的。可以参考第二章第四节的内容。

- 公司面临的变化越多，不确定性越高，使用 OKR 的必要性越高；这也关系到推广 OKR 时候的机制设计。

- 如果暂时没有绩效管理机制，那么使用 OKR 的必要性就比较高。

二是匹配度。

- 如果公司没有战略方向，或者战略方向还在探索中经常变化，建议有大致明确的战略方向后再使用 OKR。

- 如果希望 OKR 能够激发团队活力、带来创新，但是公司倡导的文化主要是"遵守""执行"，也倾向于聘用执行的人员，那么公司在领导力、文化、人员培养方面还需要做更多改变。

- 如果已经在使用线上办公工具，后面在使用 OKR 系统时，上手会更快。

三是投入度。

- 发起人如果是董事长、CEO 这类的公司一把手，会更容易推动这场变革。

- 除了公司一把手，如果有具有影响力（司龄长、职位高、专业能力强等）的 OKR 推广团队，也会有助于推广 OKR。

企业变革是一个需要深思熟虑的过程，如果变革失败，成本很高，同时这场变革也需要一定的专业经验。因此，有兴趣推广 OKR 的企业，可以联系我们进行专业诊断，判断推广 OKR 的必要性和可行性，并定制引入和推广的备选方案。

在第二章中，我们探讨过 OKR 的价值从哪里来。我们认为，OKR 也是有**多面性**的，既有**普适性**的一面，也有**独特性**的一面。OKR 作为结构化思维和沟通的工具，作为过程管理的抓手，是有普适性的。它鼓励自下而上、透明开放、事后评价、敏捷迭代，可以根据企业的土壤和要求来定制 OKR。企业可以根据希望 OKR 解决的问题，以及现有资源，来选择如何使用 OKR。

无论是用已有的 OKR 还是用定制的 OKR 都不重要，重要的是做到量体裁衣，而非削足适履。

第二步：规划

经过第一步，如果判断目前公司需要使用 OKR 也适合使用 OKR，下一步就需要为公司使用 OKR 进行定制规划。需要考虑的因素如表 3-4 所示。

表 3-4　OKR 定制规划表

考虑因素	说明
试点人群	• 可以考虑几种试点方式，包括中高层试点、高层 + 某个部门试点、某些部门试点等。对于小规模（例如几十人）的企业，也可以直接全员使用 • 如果 OKR 的发起人是公司一把手，我们认为应先从高管团队试用，核心管理者深入理解、认同 OKR 之后，由他们推广 OKR，是较为理想的方法
OKR 周期	• 常见的 OKR 周期有年度 OKR、季度 OKR（一年 4 个周期）或双月 OKR（一年 6 个周期）；业务变化的速度越快，OKR 的周期越短 • OKR 周期的时间建议与绩效周期、财务年度匹配，例如如果 6 月、12 月各做一次绩效考核，建议 OKR 周期可以是季度（例如，6 月底正好是第二个 OKR 周期末，便于绩效考核），也可以是双月（例如，6 月底正好是第三个 OKR 周期末，便于绩效考核） • 首次启动 OKR 的时间，最好在某一个 OKR 周期开始前或周期初，方便启动后直接设定 OKR
OKR 与绩效考核	• 可参考本章第一节来设计公司的 OKR 与绩效考核的关系

（续表）

考虑因素	说　明
公开透明	• 第二章中谈到了公开 OKR 的好处。与此同时，公开透明也会带来成本或代价。谷歌发生过员工泄露公司机密信息的情况。有些公司把泄露公司 OKR 作为员工行为的红线进行告诫和惩罚。有些公司会设置 OKR 在特定的纵向条线透明（例如研发部门内部），或者特定的横向条线透明（例如各部门负责人能看到平级各部门的 OKR）。可结合具体情况来设计
自上而下 / 自下而上	• 公司目前更需要不折不扣的贯彻执行，还是需要听到更多来自一线的声音？一般建议在设定 OKR 时，把自上而下和自下而上结合起来。也有些企业为了鼓励创新，会要求在每个人的 OKR 中，必须有一个是自下而上的
承诺型 / 挑战型 OKR	• 这方面的设计，需要基于公司的业务特点、发展阶段，从保绩效底线和鼓励上限的角度考虑，可以选择承诺型 OKR、挑战型 OKR 或者承诺型 OKR+ 挑战型 OKR
OKR 大使团队	• 很多公司的 OKR 大使团队由 HR 负责人牵头。一些企业邀请以下几类人加入 OKR 大使团队：如果公司一把手能挂帅参与，最为理想；有影响力、认同 OKR 理念的业务团队负责人（如首席技术官、产研负责人、各业务大区负责人）；战略部门员工（这类同事的结构化思维能力往往比较强，可以协助各团队设定 OKR）；财务部门员工（OKR 最好能与财务预算、激励关联）；IT 部门员工（如果使用外部或自主研发的 OKR 系统）；从事支持工作的员工 • 总之，公司内部的影响力、专业能力是推广 OKR 必备的，最好挑选加入公司有一段时间，能"推"得动各业务团队负责人的人
外部专家赋能	• 有条件的公司，可以邀请外部专家参与赋能 OKR 实施过程。可以与外部专家一起进行设计规划，并提前做好分工
OKR 系统	• 需要考虑这些问题：要不要使用 OKR 系统？是公司自己开发 OKR 系统，邀请外部公司进行 OKR 私有化部署系统，还是使用外部公司的 SaaS 平台？如何打通公司现有的 IT 办公系统（例如钉钉、企业微信、飞书）？什么时候使用 OKR 系统？系统如何设置？
预算	• 主要包括几方面：外部专家咨询、培训、书籍资料、OKR 系统等

第三步：导入

导入 OKR 的第一个周期至关重要。如何让 OKR 的第一批"用户"发自内心地认同、会用 OKR 并取得短期速赢的效果，是 OKR 推广的关键。OKR 推广

团队可以设定一个长期推行落地 OKR 的 OKR，再设定第一个周期的 OKR。请
看表 3-5 所示的例子。

表 3-5 某公司 OKR 推广半年度 OKR 和第一个双月 OKR

半年度 OKR	• O：推广实施 OKR，促进目标对齐和协同 • KR1：前两个双月结束时，公司所有高层人员使用 OKR 系统；100% 高层认同并愿意继续使用 OKR，OKR 系统的使用数据达到 ××% • KR2：第三个双月结束时，所有中层人员使用 OKR 系统；90% 中层认同并愿意继续使用 OKR，OKR 系统的使用数据达到 ××% • KR3：第三个双月结束时，随机抽查中高层的 OKR 设定，90% 达到良好标准；随机抽查中高层"什么是最重要的事"，90% 回答正确
第一个双月 OKR	• O：在高层推广 OKR，迈出 OKR 推广关键第一步 • KR1：通过高层研讨、外部培训，认识到引入 OKR 的紧迫性与意义，100% 高层支持推广 OKR • KR2：通过外部顾问培训，100% 高层能写出优秀的 OKR • KR3：100% 高层按照规定时间点，在线上 / 线下完成 OKR 的四个动作，即设定、对齐、跟踪、复盘 OKR • KR4：经过匿名调研，90% 的高层认同第二个双月继续使用 OKR

围绕这样的 OKR，可以开展如下工作：召开高管研讨与共识会、建立战略
共创工作坊、OKR 技能培训、OKR 共创、OKR 一对一辅导、OKR 大使赋能等。
此外，在科特的"变革八步法"中，"树立紧迫感、组建领导团队、设计愿景战
略、沟通变革愿景、善于授权赋能、积累短期胜利"都是可以在第一个 OKR 周
期进行的工作。

第四步：复盘

在第一个 OKR 周期结束时，建议 OKR 推广团队及时复盘，总结过程中有
效的方法进行复制，解决大家在实际使用 OKR 时遇到的问题，并探讨下一个
OKR 周期的优化计划。

在约翰·科特的"变革八步法"中，"积累短期胜利、促进变革深入、成果融入文化"是可以在每一个周期，尤其是第一个周期结束时进行的工作。其参考实践如表 3-6 所示。（企业可以视情况，在第一个 OKR 周期结束后的几个周期中，不断跟踪和持续运营，推进和巩固 OKR 的使用）

表 3-6　OKR 推广复盘参考实践

推广要点	参考实践
积累短期胜利	• 鼓励大家反馈使用 OKR 中的问题，进行答疑、辅导，以增加认同感，降低学习门槛 • 及时在公司范围内公布第一个周期 OKR 的实施效果 • 邀请做得好的业务领导者在公司内部分享心得，尤其是分享 OKR 的价值（短视频、线上线下分享） • 公司高层公开表扬或奖励 OKR 使用得好的员工
促进变革深入	• 请试点团队的业务领导者，把 OKR 这一工具传递到其他部门或下一级团队 • 与 OKR 的反对者进行深入对话，了解业务痛点，努力影响他们成为中立者或支持者 • 在新入职员工入职流程中，加入"学习 OKR 线上培训课，以及一定周期内设定 OKR"之类的环节 • 推广使用 OKR，帮助用户把 OKR 动作固定化、标准化
成果融入文化	• 把 OKR 的内容和精神，融入招聘、培训、会议、日常沟通等环节 • 在企业文化中，强调突出与 OKR 精神相关的内容

最后，我们还是通过一个我辅导过的企业案例，分享一位 OKR 大使的推广实践。

夏花（化名）是一位资深的 HR，有十多年在民企和外企工作的经验。几个月前，由于看中某成长型科技公司，也认同该公司 CEO 的理念，她加入了这家公司，担任 HR 负责人。公司已成立 5 年，发展很快，拥有一些成熟产品线，在市场上也有一席之地。目前公司有 400 人，业务总体分为产品研发和销售两大类别，销售人员分布在不同城市，由各地销售负责人管理。CEO 是一位聪明且善解人意的男士，45 岁，曾在海外的科技企业工作。公司正在招聘优秀的年轻人，希望打造透明、开放、平等的文化。

夏花加入公司不久，CEO 决定推广 OKR，由夏花担任 OKR 大使，牵头这项工作。CEO 希望 OKR 能帮助公司上下统一目标，促进公司内部的横向协同。

结合多年的工作经验，夏花意识到，这是一场变革。于是，她做了这样几件事：

一是自己学习。包括看书、找身边使用 OKR 的企业调研、找外部 OKR 顾问，大致了解 OKR 是怎么一回事以及推广过程中的关键点。

二是快速了解业务。在外部 OKR 顾问的帮助下，她意识到推广 OKR 的关键是要让业务领导者们看到 OKR 给他们带来的好处；如果不了解业务情况，就无法看到他们管理的痛点，也就不能找出 OKR 能帮到他们的地方。于是，她通过参与经营会议、一对一请教业务领导者、找外部同行朋友聊天等方式，对公司业务有了一定的了解，同时也获得了一些业务领导者的初步信任。

三是诊断现状。她与外部 OKR 顾问一起诊断公司现在的情况。当她了解到公司的发展阶段、管理理念、文化、人员情况与 OKR 总体匹配时，心里有些把握了。

四是定制规划。结合外部 OKR 顾问的建议，夏花与 CEO 沟通后，形成这样的 OKR 规划：

- 先在高管团队中试行 OKR，再考虑推广到中层，以后再考虑是否全员推广 OKR。
- 业务发展较快，OKR 周期设定为双月。

- 高管团队先使用 OKR 系统，除特定权限之外，默认 OKR 公开透明。

- OKR 设定过程暂时以自上而下为主，逐步增加自下而上的比例。

- 设定承诺型 OKR 和挑战型 OKR，事前预测和事后评价相结合；重新梳理鼓励创造更大价值的机制，以及奖励的分配机制。

- 在第一个周期，邀请外部专家参与赋能。

- 成立 OKR 大使团队，邀请 1 名 HR 同事负责协调；同时打算邀请 CEO、几位支持 OKR 的业务领导者加入。设定 OKR 推广的 OKR。

五是梳理相关方。考虑到变革中"人"这一重要因素，她挨个找主要的高管人员了解他们对 OKR 的看法，梳理了一张 OKR "相关方地图"。目前除了 CEO 支持 OKR，首席技术官处于中立偏支持的态度。在各地销售负责人中，有几位支持，有几位中立，还有一位公开反对。她也记录下了这些高管各自的担忧和他们业务管理的痛点。

六是高管共识会。邀请 CEO 召集高管团队开会，由 CEO 分享为什么希望引入 OKR，公开征求大家的看法，了解大家的担忧。会上总体达成了愿意"试一试"的共识，不过仍有几位高管持观望态度。

表 3-7 是夏花在不同时间节点内开展的工作。

表 3-7　夏花的 OKR 推广工作

时间点	工作任务
4 月 20 日—30 日 第一个 OKR 周期（5—6 月） 正式开始前 2 周	• 邀请外部 OKR 顾问为高管团队进行 3 ~ 4 天的 OKR 赋能工作，内容包括： 介绍 OKR 对管理者带领团队拿结果的意义 如何使用 OKR，尤其是写 OKR 共创出公司的年度、双月 OKR 辅导赋能 OKR 大使团

（续表）

时间点	工作任务
5 月 10 日前	• 邀请外部 OKR 顾问对高管进行一对一的 OKR 辅导，用 OKR 的结构化思维厘清业务思路，写出各自的 OKR • 跟进各位高管在 OKR 系统上撰写自己的双月 OKR，并提示相关方，对齐、调整、确认 • 跟进各位高管向自己的团队分享自己的 OKR • 请 CEO 和高管们在公司的全员会议上，介绍公司使用 OKR 的决心，并分享公司全年和双月的 OKR
5 月 10 日—6 月 20 日	• 督促高管们在他们各自团队的双周会上，带领团队对照公司双月的 OKR 来回顾进展
6 月 20 日—7 月 10 日	• 组织高管团队的双月复盘会，并设定下一个双月 OKR • 请 CEO 和高管们在公司的全员会议上，分享这个双月的 OKR 完成情况，以及下个双月 OKR；表彰奖励在 OKR 方面做得好的高管 • 请 OKR 做得好的高管分享心得体会，以及 OKR 带给自己的价值 • OKR 大使团队对照 OKR 推广的第一个 OKR 周期，进行复盘工作，设计下一个 OKR 周期和行动计划

　　在后续的几个 OKR 周期中，夏花还将带领 OKR 大使团队按照这个轨迹坚持不懈地推广 OKR，让它真正得到使用。

第四节　本土经验与成败案例

　　OKR 在中国的本土化实践正在进行中，在使用 OKR 的企业中，既有一些光鲜亮丽的成功案例，也有不少半途而废的"不了了之"。之前为一家企业辅导 OKR 落地时，公司 CEO 的讲话非常务实："管理工具无所谓好坏，但那些没有把工具用好的企业往往都会说是这个管理工具不好。其实，是企业自己没有把工具用好。"下面我们将分享一些中国企业的 OKR 落地推广洞见，以及成功和失败案例，希望大家都能把 OKR 这个工具用起来，并发挥其作用。

一、谋定后动、多管齐下

结合变革管理和 OKR 实践，我们认为推广 OKR 可以关注三个要素：意识、能力、环境，如图 3-7 所示。

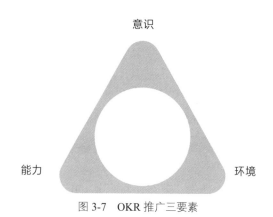

图 3-7   OKR 推广三要素

首先是意识。组织的变革说到底还是"人"的变革。如果大家没有意识到使用 OKR 的必要性和紧迫性，就不可能成功推广 OKR，因此"意识"解决有没有决心用 OKR、是否愿意改变的问题。其次是能力。当人们就需要引入和推广 OKR 达成共识后，下一步就是需要真正掌握 OKR 这个管理工具了，从看书、培训、辅导到实际运用，把 OKR 变成自己的思维方式和工作方法。最后是环境，变化需要环境支持。很多培训都是上课"心动"，课后"不动"。其中一个原因是课后的环境没有变化。如果没有公司的倡导、上级的要求和支持、好用的 OKR 系统、匹配的文化环境等，人们很难发生真正的行为改变。

理想汽车曾经总结"做好OKR的三个关键点"[1]，分别是"必须是在线系统，必须是一把手工程，必须持续复盘"。行业内普遍意识到，成功推广 OKR 的关键要素主要有以下几点。

1. 一把手工程

最好由一把手发起，因为 OKR 是战略落地工具，只有上升到决策层才能真正用起来。同时，一把手最好身体力行。最现实的情况是，如果 CEO 自己不写 OKR，高管的 OKR 就缺少对齐的对象。曾有一家企业的 CEO 经常会在 OKR 系统上查看并点评各级同事的 OKR，后来证明这是非常有效的 OKR 推广方法。

2. OKR 大使团队

OKR 大使作为公司内部的运营机构，可以做规划、牵头组织、督促进展；还可以作为 OKR 培训者、教练，赋能管理者和员工使用 OKR。

3. OKR 会议制度

按照 OKR 的时间节点，召开不同层级人员的 OKR 对齐会、跟踪会、复盘会，让 OKR 融入日常管理动作，有利于帮助大家固化 OKR 的使用动作。在这些环节中借助 OKR 系统，使文本沟通与口头沟通相结合，使线上与线下相结合，会提高会议效率、固化使用习惯。

4. 统一的 OKR 系统

某 OKR 系统平台的副总裁白露认为："当企业了解 OKR 的理念方法，但还没有完全形成流程、习惯的时候，OKR 系统会设定固定的时间点，带着初学者

---

① 资料来源：《创造移动的家，创造幸福的家——理想汽车 6 周年》。

沿着系统时间轴，开启 OKR 之旅。当企业使用 OKR 之后，OKR 系统会帮助企业固化这一套标准化的流程，帮助 OKR 大使做很多基础工作，节省人力成本。通过系统的'推'和文化的'拉'，帮助企业形成 OKR 的文化。"

某区块链企业的 CEO 说："团队内不同的人可能喜欢不同的 SaaS 平台工具，一个工具不可能让所有人都满意。但如果工具不同，不能统一管理。"因此，统一的 OKR 系统是必要的。

此外我们还发现，以下这些要点是推广 OKR 过程中非常重要的经验。

1. 弄清本质，传递初衷

很多人会认为 OKR 是另一个花哨的 KPI，一个"压榨"自己的工具。在第二章和本章的第一节我们讨论过，OKR 的内在假设是信任激发、群策群力、应对不确定性。因此在 OKR 推广初期传达好公司初衷，更容易获得大家的支持。

2. 选择试点，循序渐进

某科技公司的 CEO 告诉我："如果重来一遍，一定要'慢'！无知者很容易无畏，但快不一定好。创业公司看起来试错成本低，但实际上因太快而出错，也是在折腾人、浪费成本。尤其公司规模大了以后，变革成本更高。""先去市场上调研一下案例和方法。理论是通用的，但落地一定是有差异的。不要因为最近崇拜马斯克，就抄 SpaceX。让团队形成共识，至少初步理解和接受 OKR 的理念。如果培训没做好，再好的方法也别去推广，因为不一定适合你的团队。""先找一块试验田，让公司同事试一试，再看市场上的东西是不是适合你或者部分适合你。"

3. 管理团队，重点投入

各级领导者（尤其中高层）是需要重点关注的 OKR "用户"，多给他们提供培训、辅导资源，有助于 OKR 的推广。一家地产企业的 OKR 大使曾于 2017 年在企业内部推广 OKR。"我认为 OKR 应该从管理层开始用。**组织中的杠杆就是管理者**。一群好的管理者可以撬动整个组织，同样，一群差的管理者也可以带偏整个组织。在同一集团内部，不同的领导者实践和推广 OKR 的差别非常大。有些管理者看起来在推广 OKR，但实际上还是 KPI 式的思维。思维方式如果没有变，行为就不会变。这样的管理者在将 OKR 传递给员工时，员工就会有割裂感。"

4. 换位思考，用户导向

一家区块链公司的 CEO 认为："管理者往往只与身边的人熟悉，不太了解一线员工怎么看。公司的成败，很多时候取决于细节，而细节都是靠一线员工做出来的。如果你想推广 OKR，但不是每一个一线员工都真正认同，那么使用 OKR 就可能只是配合老板玩一下。"被要求使用 OKR 的基层 "用户"，也许不会在意 OKR 对于落地公司战略有什么价值，他们更关心 "用了 OKR，能不能帮我把活干得更好，能不能让自己更快升职加薪"；团队领导者更关心 "用了 OKR，我们团队的业绩会不会更好"。这类问题在本书中可以找到答案。同时，让 "用户" 之间相互分享、背书，是推广 OKR 更直接有效的方法。

5. 平衡绩效，合理设计

一次，我给伟事达私董会的企业家分享完 OKR，一位企业家反馈道："终于知道为什么我们的 OKR 没有成功了，原来它跟钱没有关系！"员工对于推广

OKR 的第一反应，可能是"下个月我能不能涨 2000 元钱，年底我能不能换一个最新款手机"。

推广 OKR 时，需要平衡好 OKR 与绩效评价的关系（详见第三章第一节），在鼓励大家创造更大价值的同时，让大家看到更大价值与自己的关联。只有这样做，员工们才会更有动力去接受 OKR。

6. 夯实能力，弥补差距

很多人在使用 OKR 的过程中，会发现需要训练 OKR 的结构化思维、战略思维以及领导力。例如，下级做哪些工作才能实现上一级的 OKR？有了 O，如何思考 KR？如果卡在能力上，大家觉得太难，也很难继续用下去。我们发现，OKR 的思维方式的确需要一段时间的强化训练，请参照本书第四到第八章尤其是第四、第五章的方法进行训练。有条件的企业可以邀请专业顾问对员工进行培训、辅导。其实，这种思维方式和领导力并不是为了 OKR 才需要提高的，相反，把 OKR 作为提升领导者能力的抓手是非常好的契机。

7. 提炼精神，倡导文化

某地产公司在推广 OKR 时非常注重 OKR 所代表的精神和文化。他们认为，"OKR 精神就是一种创业精神""OKR 的精神之一是激发开放氛围，不能用 KPI 的方式宣贯[①]和强推，而是需要在每一次的 OKR 推广活动中引导开放讨论""每个管理者，都是一名 OKR 教练"。此外，这家公司还提炼了一张"OKR 教练对标表"，列出 OKR 思维正负向行为，把 OKR 思维与公司倡导的文化价值观融合，如表 3-8 所示。

———————————

① 意为宣传贯彻。

表 3-8　某地产公司的 OKR 教练对标表

OKR 思维正向行为	OKR 思维负向行为
• 目标设定不遗余力	• 目标设定留余量，利用政策、"钻空子"
• 见到红旗就扛，见到机会就上	• 凡事请领导决策
• 专注一个点，在细分领域争第一	• 听话照做，按部就班
• 不服输（别人可以我也可以），但又能服输	• 以个人好恶下定论
• 我的地盘我负责	• 遇事先想困难，自我设限
• 管理者要突破创新，做出点不一样的东西	• 脚踩西瓜皮，滑到哪里算哪里
• 敢"想得大""说得大"，同时"做得好"	• 有错误死不承认
• 琢磨事情本质，不放弃	• 有责任能推则推
• 竭尽全力，带给他人好的、新的体验	• 别人有成绩，不服气、说酸话
• 敢于认错，积极改正	• 追求和谐，对自己没要求，对别人也没要求
• 个人发展的每个阶段都立目标	
• 事情没做成有"耻辱感"	

借助 OKR 的思维方式和精神推广 OKR，犹如"画龙点睛"，有了"神"。"OKR 大使结合 OKR 精神，帮助业务负责人提炼和总结他们自己的管理方法，用他们自己的业务语言做宣传推广，这样业务负责人会比较有动力实践并推广 OKR。"

二、实战案例分析

下面，我们介绍一些成功和失败案例，并与大家讨论案例背后隐藏的东西。

1. 成功案例

F 公司是一家互联网企业，2013 年，F 公司的产品面世。F 公司从 2015 年开始使用 OKR 至今，期间实现在纳斯达克挂牌上市。目前，OKR 已经成为 F 公司的工作方法和文化。我们采访了 F 公司的 OKR 大使团队负责人，并整理出他们的故事和真知灼见分享给大家。

F 公司使用 OKR 的初衷很简单，"高层想做的事情，下面没有人做。经常是程序员和运营人员做的工作，跟战略不匹配"。落地战略、上下同欲、横向协同，是这家公司的 CEO 推广 OKR 的期望。

他们在推广 OKR 的过程中非常理性，循序渐进。2015 年，公司领导层开始用 OKR；两三年后推广到总监层；又过了两三年，推广到中层。直到 2021 年，才推广给一线员工。他们都是感觉到该层级员工完全掌握 OKR 了，才向下一层级推广。"不过感觉现在职场的年轻人越来越厉害，'00 后'更聪明，所以以后其他公司，从高层到一线员工的推广时间，可能会更短。"

目前 F 公司的 OKR 处于正常运行中，总体取得了不错的成果。从 OKR 系统上看，OKR 的填写率、渗透率都比较高，OKR 也进入了 HR 流程。从人员水平上看，中层会用 OKR 承接公司战略，"总体来看公司做规划的能力提升了"。"没有用 OKR 的时候，大家经常发现以前想要做一个事，但没有做。现在不会出现这种情况了，CEO 和高层想做的事情都做了。如果效果不好，那就是战略方向不对。"这样看起来，公司用 OKR 解决了战略执行的问题。

几年来，为了取得这样的成功，F 公司的 OKR 大使团队付出了持续不懈的努力，主要表现在以下几个方面。

- 认知：自上而下推广 OKR，把 OKR 作为战略协同的一部分及跨部门协作的工具来推广。在推广 OKR 的早期阶段，由 OKR 大使（也是公司核心高层之一）逐一与反对者进行沟通，了解大家的担忧和顾虑；同时做好与各层级员工的沟通，让大家理解 OKR 跟考核有关但其本质不是为了考核。让大家的工作围绕 OKR 转，但不以 OKR 得分作为绩效。

- 机制：要求各个团队召开 OKR 周会、月度 OKR 会、季度 OKR 复盘会、半年 OKR 复盘会，让高中基层业务相关事情都在 OKR 中体现。同时，要求把全公司文档中的"周会"改成"OKR 周会"，"业务总结会"改成"OKR 复盘会"，并把公司文档中带有"KPI"字样的词语都替换掉。通过周期性的会议和语言统一，塑造大家的认知。"这是笨办法，但有效。"
- 文化影响：OKR 大使认为，知识型企业的战略协同工具，需要配套文化。公司提倡 OKR 精神，鼓励大家不只跟公司比，还要跟全国、世界比，不断挑战自我，追求卓越。

这些年来，在 OKR 推广过程中，OKR 大使认为最重要的事情是"做对的事"，企业应该关注以下几点。

首先，CEO 要懂 OKR，教 OKR，提要求。"很多公司的问题是老板不懂，中层似懂非懂，基层更不用说了，只能应付使用。"F 公司的 CEO 不但自己深入理解 OKR，而且以身作则，经常在 OKR 系统上评价同事的 OKR，并鼓励同事之间相互学习。同时，CEO 不断提高对自己的要求，也希望高层承担更多责任。"高层首先自己思考要做到什么程度。CEO 尊重高层的专业判断，也授予一些权力给高层。"

其次，使用 OKR 的过程，"关键靠辅导"。"使用 OKR 需要有做规划的能力。很多企业做规划的能力弱，制定目标的能力不足。而 OKR 的质量，需要第三视角反馈。不能上级说下级写得不够好，下级觉得被挑刺。OKR 大使团队、外部顾问团队给的反馈，都是中立的。"在使用 OKR 的过程中，F 公司发现非常重要的辅导群体是总监层。最开始推广 OKR 时，一些不成熟的管理者不会规划思考，更多的是任务式思考，只是完成上级分配的工作。公司一方面邀请行业内的优秀顾问来为大家培训、一对一辅导总监群体，另一方面配套做通用能力和领导力训练。"OKR 是一个人员管理工具。人员管理很难，用 OKR 可以解决上下级、跨部门沟通问题，因为对齐 OKR 需要多谈定位、愿景、人员培养。只要 OKR 用得好，团队也就管好了。"而实在跟不上的人会被淘汰。

对于总监以下层级的同事，一方面由上级管理者负责辅导 OKR，另一方面由 OKR 大使团队长期做大量工作，既有面向全体的培训，也会深入一个个团队进行辅导；还有 OKR 系统提醒，促进思维方式改变。公司在招聘时设定人才标准，包括具备思考与解决问题能力、沟通协作能力，并倾向于招聘从一类本科毕业的应聘者。

最后，OKR 系统的作用。F 公司最早推广 OKR 时没有使用 OKR 系统工具，只用 Word 文档，但觉得这个工具不够好。后来使用了 OKR SaaS 系统，安排专门的同事负责该 OKR 系统，并且把 OKR 放进管理流程的系统中。这一做法取得了不错的效果。例如，入职要跟上级沟通 OKR，每个周期跟上级沟通 OKR，绩效评价参考 OKR，管理者晋升会考虑他的 OKR 使用情况。

虽然看起来 F 公司在推广 OKR 方面投入了一些管理成本，但公司认为这些是值得的。"不能只看短期，要看长期。提升核心竞争力，做大做强。"结合上一节的要点来看，这家公司的成功案例中并没有太多特别之处。不少公司在 OKR 推广初期，往往也会花精力投入，而且心气很高、信誓旦旦。然而真正难能可贵的是，F 公司不但对 OKR 有深入的理解，而且有勇气、有方法、有坚持。这一点值得大家借鉴。F 公司对 OKR 的理解，与我们不谋而合。**借助推广**

OKR，把战略落地、横向协同、梯队培养、领导力发展、绩效管理、管理数字化联结起来，把事情和人联结起来，是高杠杆的管理投入。

2. 失败案例

"幸福的家庭都是相似的，不幸的家庭却各有各的不幸。"在推广 OKR 的案例中，失败的案例也是各有各的不同。关注严峻的现实，才可能帮助大家实现丰满的理想。

M 公司是一家中外合资企业，有先发优势，业务稳定，市场竞争压力不大。公司每年目标比较稳定，内容也比较相似。一年前公司来了一位新董事长，为了给公司增加些活力，在公司推广了 OKR。HR 请大家在网上看了一些视频，也买了书供大家学习。书虽然都发下去了，但没有人翻开几页。没有人检查 OKR 设定得好不好，大家写 OKR 也是为了应付上级的要求。

董事长和总经理分别来自两家公司，利益并不完全一致。公司 OKR 由董事长一个人设定，其他高层不参与。目标设定完全自上而下，从公司 OKR 分解到部门 OKR，再分解到个人 OKR。HR 曾提议召开目标共识会，但效果不好。会上每个部门轮流介绍自己的目标，上级领导回应一下。会上没有互动，没有思想碰撞。各部门只是完成上级定下的目标。

到年底考核的时候，大部分 OKR 能完成。OKR 达到 0.7 分就可以拿到全额奖金。如果 OKR 完不成，就改一下 OKR。OKR 大使职级不够，主要工作是协调组织、收集材料。

公司的数字化做得不好，员工交 Excel 表，HR 催收效率低。

M 公司的案例是我们汇总了两家公司的情况编写的。在这个案例中，我们分析了一些 OKR 推广失败的常见原因。

首先，公司引入 OKR 的原因主要是"新'人'上任三把火"，并没有明确要用 OKR 解决的问题。公司业务长期稳定，变革的迫切性不大，因此大家对于这场 OKR 变革并没有达成意识上的共识，后续各项动作也大多没有做到位。定位不准确就全员推广 OKR，会加速 OKR 推广的失败。

其次，目标设定、对齐维持自上而下，缺乏开放交流和共识，自然也不会取得上下同欲的效果。

再次，OKR 完成度直接用于考核，并不鼓励挑战，还可以随意下调 OKR 的难度。这样，OKR 失去了通过鼓励挑战来提高绩效的效果。

最后，缺乏有影响力和专业能力的人担任 OKR 大使，进行 OKR 精神宣传和 OKR 质量把控。OKR 推广也没有得到高层的大力支持，只是由 HR 做些协调性工作。再加上缺乏 OKR 系统的支持，OKR 沦为 HR 催收的日常"表格"。

K 公司是一家成长型科技公司，去年引入了 OKR。最初由 CEO 发起，但管理层意识没有统一，大家分别看了几本书，听了几场分享；有的高层支持，有的高层反对。但在 CEO 的强力要求下，还是推广了 OKR。

K 公司的问题主要出在 OKR 的落地使用上。OKR 要么写成任务清单，要么写成 KPI，不会拆解 KR。例如，销售人员的 O 是实现业绩 ×× 万元、售前询单转化率提升 ××%，然而拆解到下一步怎么做，他们想了很多办法都拆解不到本质，找不到关键成功因素。

公司有承诺型 OKR 和挑战型 OKR，但承诺型 OKR 已经非常具有挑战性，总是实现不了。最近两年公司业绩不好，一直在裁员、优化、降薪。OKR 完成度很低，奖金缩水。很多管理者觉得即使实现了挑战型 OKR，也得不到好处。公司只有短期激励，没有中长期激励。

OKR 没有从上到下地对齐。高层用 OKR，中基层用 KPI。例如，高层的 OKR 要实现 1000 万元的目标，中基层的 KPI 按照 800 万元的目标拆解。所以中基层的目标即使都实现了，高层的目标也实现不了。横向部门目标此消彼长，经常相互矛盾，没有做公司层面的横向 OKR 拉通。公司召开 OKR 对齐会，但效率很低。领导在下属眼中是"碾压型"领导，自己想得很清楚然后指派下去。看起来很人性化，但大家花时间最多的是讨价还价 KR 里面的指标是 100 万元还是 200 万元。每个人都关心"别人如何看我的 OKR"，而不是为了大目标而努力。

公司每季度召开业务进展会议，没有过程中的跟进会，也不对照 OKR。开会时只是对照项目管理表格和任务计划看进展，每个人只分享任务完成度，没有心得分享和反思。不少年轻同事反映自身成长遇到瓶颈。

K 公司的 OKR 虽然仍在使用中，但并不能称得上是成功案例。从 K 公司的案例中，我们也真真切切地看到无数企业推广 OKR 失败的影子。

管理层最初没有就为什么要使用 OKR 达成共识，也没有深入地理解 OKR，因此使用 OKR 只是流于形式。公司的 OKR 使用收效甚微。

首先，K 公司在 OKR 设定方面问题比较大。承诺型 OKR 已经非常有挑战性，起不到"保绩效底线"和让大家有安全感的作用，更无法激发员工挑战 OKR 的动力。从 O 到 KR 的拆解、从大目标到小目标的拆解，是很多企业的共同难题。"想了很多办法都拆解不到本质，找不到关键成功因素"，说明 OKR 设定存在问题。另外，公司的激励制度没有让大家看到，如果实现了挑战性目标对自己有何好处。在缺乏信任的情况下，公司员工不可能被调动起来。

其次，K 公司在 OKR 对齐方面也没有做到位。缺乏开放的对话和共识，只进行指标数字的博弈，不能达到 OKR 对齐应有的效果。公司内部上下和横向对齐不足，导致部门之间拉扯、资源浪费。

最后，K 公司在跟进时没有对照 OKR 来回顾业务进展，在复盘时也只是流于形式，缺乏了对问题背后的成功和失败因素的挖掘，导致团队成长乏力。在这样的使用方式下，OKR 并没有给公司的业务发展和团队管理带来很大的收益，反而成为管理负担，让人遗憾。

我们将在后面的几章中，详细介绍如何进行 OKR 的设定、对齐、跟踪和复盘，希望帮助大家真正做到位，发挥出 OKR 应该有的价值。

本章要点总结

选择OKR需要对OKR有清晰的认知，对公司的需求和资源有一定的判断。推广OKR需要有决心、智慧，还需要耐心、坚持。

　　✦ 平衡OKR与绩效评价的关系，要考虑确定性、信任、激励、挑战与承诺、功劳

的评价标准。可以考虑三种模式，事前预测、事后评价，事前预测和事后评价
结合。

+ 成功推广OKR，归根到底需要公司和使用OKR的"用户"愿意持续用下去，并发
挥其价值。

+ 推广OKR的步骤包括：诊断、规划、导入、复盘。

+ OKR推广是一场变革，可以从意识、能力、环境三要素着手。其他企业的成功或
失败经历值得参考。

第四章

从 OKR 思维
启程

前面我们讨论了 OKR 是什么、为什么使用 OKR，以及在公司怎么推广 OKR。下面，我们将进入本书的重点——"怎么做"的部分。

不过，请别急着询问 OKR 应该怎么写。在本章中，我们要向你介绍一个重要的 OKR 思维模型。有了它，你的 OKR 之旅会更加顺利。

第一节　OKR 思维的 POP 模型

在工作中使用 OKR 时，大家可能会遇到这样的难题：拿到一张 OKR 的空白表格，不知从何写起。于是，销售人员把销售业绩指标搬进了 OKR；生产人员把生产流程和生产指标搬进了 OKR；研发人员把项目管理的内容搬进了 OKR；人力、行政、法务等人员，把每年的工作例行事项搬进了 OKR……

这样也不完全错。可是，到底什么才是真正的 OKR ？这样"照搬"的 OKR 有什么用呢？这是否增加了大家的负担？下面，我们来看一个真实的故事。

我的一位朋友是一家行业大数据公司的业务副总裁。她告诉我，领导让她从互联网公司招聘 3 位年轻的技术专家，借机为公司注入点新鲜血液。作为公司近期的重点工作，这件事情由她负责。她有些担心招不到这样的人，想跟我打听一线互联网公司的人才市场行情，并让我推荐好的猎头。我虽然不是招聘专家，但运用耳濡目染的招聘常识和 OKR 思维，向她提出了以下几个问题。

问题 1：为什么要招聘这个岗位？这样的人来之后，要帮公司解决哪些问题？

原来，这家公司技术能力非常强，也有跟政府部门合作的前沿项目。公司历史悠久，也非常低调，有很多现成的项目在运作。最近公司领导在考虑公司的战略方向，他们希望公司能够更加市场化，成立一个销售职能部门，用公司的资源服务更多行业内的大客户，也带来更多业绩。

问题 2：这样的人来了，会带来什么？

朋友思考了一下回答道："一年内带来 ×× 万元的业绩。"回答了这个问题，她的思路貌似打开了。所以招聘的目标其实是：新建公司的 ×× 业务销售部门，招聘合适的人员，带来 ×× 万元业绩。

看到这里，不知道朋友们有没有发现问题。最初朋友接到的任务是"招聘3 位年轻的技术专家"，然而挖掘了最终目标之后发现这个岗位是要承担销售业绩的！

然后，我继续询问。

问题 3：什么样的人能够满足这样的要求呢？

朋友想了一下，说："需要懂我们的行业、产品；需要有一定的客户资源；需要有一定的销售技巧，匹配客户需求；需要有团队合作精神……"

我沿着她的话说："对，就是这个思路！想象一下这样的人才画像，他需要满足知识、经验、技能、人脉资源、底层的价值观、个性动机等各方面的标准。我理解，作为新成立的销售部门员工，面对这类开创性的工作，必须要有内在的驱动力。同时，还需要考虑与咱们企业的文化、稳定性的匹配性。"朋友很认同。

问题 4：这样的人可能在哪里？以及招聘这样的人，难点在哪里？

……

通过这样一系列的提问，朋友觉得豁然开朗，抛开了原来只看一线互联网公司 30 岁以下年轻人的想法。懂行业、懂产品，有客户资源，具备销售技巧，这样的人不一定是技术骨干，不一定来自互联网公司，也不一定是 30 岁以下的年轻人。

这就是 OKR 思维的魅力！20 分钟的对话，帮助朋友想清楚很多问题。按照一般的招聘工作思路，这位朋友的思路如表 4-1 所示。

表 4-1　某高管的招聘工作思路

工作任务	从互联网公司招聘 3 位年轻的技术专家
事项 1	了解一线互联网公司的人才市场行情
事项 2	找到优质的猎头

　　然而，我提出的问题分别围绕着 OKR 中的"目标""结果"和"路径"展开。当我们为某件事设定 OKR 时，需要思考这件事是为了实现什么目标，有什么"目的"；需要思考这件事做好了，会达成什么样的关键"结果"；还需要思考如何做这件事，也就是"路径"。因此，我从 OKR 中抽象出这样一个 OKR 思维的 POP 模型，如图 4-1 所示。

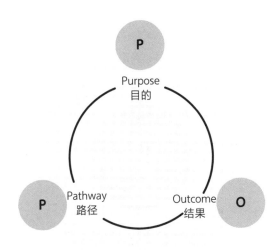

图 4-1　OKR 思维的 POP 模型

- 在思考"目的"时，可以思考这样的问题：为什么要做这件事情？到底要解决什么问题？不做这件事情，为什么不行？这件事情到底是为了满足谁的需求，满足什么需求？

- 在思考"结果"时，可以思考这样的问题：做这件事情，会带来什么样的结果？做得好和做得不好，有什么区别？有哪些是最关键的结果？谁来衡量？如何衡量？

- 在思考"路径"时，可以思考这样的问题：为了实现这样的目的和结果，可以做哪些方面的准备？可以有哪几个方案，哪个方案投入产出比最高？最关键的是什么？最难的地方有哪些，如何克服？

应用在刚才的案例中，"问题 1：为什么要招聘这个岗位？这样的人来之后，要帮公司解决哪些问题？"询问的是，招聘这件事的"目的"。"问题 2：这样的人来了，会带来什么？"询问的是，招聘会带来怎样的最终"结果"。"问题3：什么样的人能够满足这样的要求呢？"询问的是，招聘会带来什么样的直接"结果"，招聘来的人是什么样子？"问题 4：这样的人可能在哪里？招聘这样的人，难点在哪里？"询问的是，招聘这件事的"路径"。从哪里找，过程中的难点是什么、如何克服。首先思考清楚招聘的目的到底是什么，做好这件事会带来什么样的结果，反过来思考怎么做的时候，就不容易跑偏。

运用了 OKR 思维之后，这位朋友可以如表 4-2 所示这样思考。

表 4-2　某高管的招聘 OKR

O	为新建的销售职能部门招聘销售人员，带来更多销售额
KR1	• 在 ×× 个月内招聘 ×× 人入职，且每人能在 ×× 个月内，带来销售额 ×× 万元
KR2	• 与招聘专家配合，明确招聘的人才画像、人才地图
KR3	• 结合预算，与招聘同事一起确定 3 ~ 5 个主要招聘渠道，选定 1 ~ 2 家猎头机构
KR4	• 针对面试这一关键环节，确定结构化面试问题，以及吸引对方的差异化卖点

O 说明目标。招聘这个岗位要解决的问题是带来销售额，而不是"为了"招聘技术骨干、注入新鲜血液。KR1 说明"结果"。招聘真正成功的标准是，候选人不但要在多长时间内入职，而且最终还需要在多长时间内达到怎样的销售额。做到了这两点，公司才会满意。KR2 ~ KR4 说明"路径"。招聘这件事，比较关键的是先明确候选人画像是什么样子，然后弄清楚去哪里寻找、去哪里发布招聘信息、找擅长这个领域的猎头，同时设计好问题来筛选候选人、想好如何吸引候选人。针对招聘难点设计行动方案。思考清楚了这些，相信我的这位高管朋友会更容易找到招聘的候选人，并真正给公司带来销售业绩。

有的朋友在使用 POP 模型时，会先思考目的，再思考路径，最后思考结果；或者先思考路径，再思考目的和结果。每个人都可以有自己的使用步骤。这里也分享我自己的使用步骤。我一般会先思考目的，然后思考结果，最后思考路径。

拿到一项工作，如果先从"为什么"开始挖掘，会弄清楚要解决的核心问题。想清楚"目的"后，很容易思考"结果"，就是这件事办得好是什么样的。例如在上述故事中，先想清楚招聘这个人归根结底是为了给公司带来业绩，再想最终"结果"，就很容易想出来一年带来多少的业绩量，直接"结果"就是候选人需要具备能带来业绩的能力。思考完"目的"和"结果"后，在思考"路径"时，就可以以终为始，瞄着要实现的结果去找方案。这个时候，很可能出现意想不到的创新点，因为一个目标可以通过多个任务实现。也可以有意识地多问自己，"还有别的方法吗"，来寻找更多方法，才能选择出最优方法。

在科技创新成为热点和难点的今天，从"任务思维"到"目标思维"的转变也许能帮到你。很多人习惯了"任务思维"，接到一件事情马上去办，执行力很强。但如果不思考只执行，就只是用了"手"，那么当一条路行不通时，就不容易转过弯来，或者虽然完成了"任务"，但结果没有实现。如果使用 POP 模型去执行，弄清楚真正要的是什么，那么不但可以找到多条路，并挑选出效率最高的那一条，还能在保证完成任务的同时，达到目的、取得结果。例如，实在买不到矿泉水解渴，能想到买果汁甚至西瓜。这样看来，OKR 思维也是每个人提升个人效能的利器，帮助大家事半功倍。

此外，POP 模型也是设定 OKR 时的好方法，帮助大家在不知道如何写OKR 的时候，打开思路。有了目的、结果和路径的 OKR，才可能是个好的OKR。回到这一节开头提到的话题，无论是销售、生产，还是研发、HR，哪一类工作可以不思考目的、结果、路径呢？写出有目的、结果和路径的 OKR，才会真正为自己带来业绩结果。

第二节　用 POP 模型助力工作

有一次我给中石化下属几十家企业的高管介绍 OKR，课后有一位学员告诉我："这个 POP 模型和背后的那些思考问题是 OKR 的核心！即使公司不使用OKR，也可以掌握 OKR 思维。"的确如此。下面我们来看看，即便不写 OKR，如何运用 POP 模型带来事半功倍的效果。

一、沟通更到位

我曾经辅导过一位科技公司的市场总监阿东（化名），他新招聘了一位有十几年工作经验的下属。有一天，阿东在微信上给下属派了个活："王佳（化名），麻烦你做一份公司的服务解决方案 PPT，作为通用的销售素材。销售同事可以发给客户用。我找了一个例子给你参考，×× 公司的制造业解决方案。"就这样，沟通结束。

过了两天，对于下属交过来的 PPT，阿东非常不满意，跟我吐槽："工作这么多年，居然对自己工作这么没有要求？！"

于是，我们展开了如下对话。

OKR 教练：下属过来多久了，对公司了解吗？清楚公司的卖点吗？

阿东：刚过来一个月，对公司还不是很了解。

OKR 教练：下属知道你为什么要布置这个任务给他吗？写出来的 PPT 什么时候用？给谁用？做什么用？给谁看？

阿东：我觉得应该知道吧。

OKR 教练：下属知道你的标准吗？例如交过来的这个 PPT，什么样子才是好的？

阿东：我给他找了一个竞争对手的 PPT 用来参考啊！

OKR 教练：你觉得下属对于那个 PPT 的理解，跟你的理解一定一样吗？他过去公司的标准，跟咱们公司的标准一样吗？下属知道怎么做，才又快又好吗？

阿东：……也许我们需要聊一下。

其实，这段对话就是围绕着 POP 模型的"目的""结果""路径"展开的。"下属知道你为什么要布置这个任务给他吗？写出来的 PPT 什么时候用？给谁用？

做什么用？给谁看？"问的是"目的"。"下属知道你的标准吗？"问的是"结果"。"下属知道怎么做，才又快又好吗？"问的是"路径"。在我的辅导下，阿东觉得应该这样跟下属沟通。

第一，讨论"目的"，围绕文案的用户（销售部门）要解决的问题，以及文案读者（制造业企业总监）要解决的问题展开。例如，"为了支持销售部门更好地说服制造业的客户签单，咱们需要做一份公司的制造业解决方案介绍。你刚来公司，对公司的业务和价值点可能还不是很清楚，咱们可以通过这个事情聊一下。""我邀请了一位资深的销售同事一起，正好也了解他们的视角。咱们首先梳理一下这个解决方案的目标受众，主要是一、二线城市高端制造业企业的技术总监和副总级别这个群体。咱们讨论一下他们的痛点，以及通过咱们公司的成功案例，说明咱们公司的核心价值……"

第二，讨论"结果"，沟通清楚这个结果（文案）的衡量标准。"聊完目的，咱再聊一下这个方案做成什么样才算是好的方案。我帮你找了一个竞争对手的案例，你看一下。里面的逻辑是：客户行业的痛点—我们的核心价值—知名企业案例。篇幅、配色、版式你可以参考一下。"

第三，讨论"路径"，如何写这个文案。"请你想一下怎么做，定一个时间表，咱们把思路素材整理好，碰一下再做。"阿东考虑到这位下属比较资深，因此沟通清楚目的和结果，路径请下属自己提方案。如果是比较年轻的下属，他可能会具体指导一下"路径"。

阿东告诉我："进行这样的对话，可能会占用双方半小时的时间，然而在布置任务之前讲清楚期望，明确做这件事情到底是为了什么、好的标准是什么，那么这份 PPT 就不会返工。之前白白耽误两天。"

二、让点子来找你

黄茉（化名）是江南一家四星级酒店的市场部人员。这家酒店地理位置得天独厚，远离闹市，毗邻湖区，融于乡野，交通方便。酒店内外部都设计别致，融合了苏州园林和现代风格，环境简约淡雅。

最近，黄茉要策划酒店的宣传片。她看了不少酒店的宣传片，都是展示酒店外的风景、房间陈设、设施等，或者加一点人物。她觉得如果自己也这样拍，并不能体现酒店的独特优势。于是，我运用 POP 模型与她进行了探讨，挖掘了不少新点子。

OKR 教练：首先，思考"目的"。为什么做这个宣传片？在哪里用？做什么用？

黄茉：主要展示在酒店的网站、新媒体、在线旅行 App 上，希望吸引来更多客源。

OKR 教练：这个宣传短片，能不能不做？为什么一定要做宣传片，而不是图片？

黄茉：行业内大部分酒店都会在推广渠道上投放宣传片，获得客人认同，令他们做出下单决策。因此，宣传片已经成为必需品。跟图片、照片相比，宣传片可以给客户立体的、动态的体验，可以加入故事、音乐等更多元素。

OKR 教练：这个宣传片，主要给谁看？他们是什么样的画像？

黄茉：酒店的目标群体，主要是 C 端度假客人。中产阶层，以长三角地区为主，也有远道而来的客人。年龄在 30 ~ 50 岁居多，他们一般周末和节假日过来，不少是家庭偕老小出游。

OKR 教练：客户最核心的需求点有哪些？

黄茉：从平日繁忙的城市生活中抽离出来，感受大自然带来的休闲时光，享受"慢"生活。他们主要会享用早餐，在周边游览，也会使用酒店的健身房、温泉泳池、儿童游乐园等设施。

OKR 教练：结合以往的反馈，客户为什么要选择我们酒店呢？我们酒店的独特卖点有哪些？

黄茉：酒店毗邻湖区，外部环境优美，同时交通便利；酒店内部设施注重细节和陈设的品质。通过在网络平台上查看客人的反馈，酒店了解到不少住客的"引爆点"，包括地理环境、酒店设计、房间陈设、餐饮服务、交通等。

OKR 教练：其次，思考"结果"。酒店的宣传片，什么样的才是好的？

黄茉：有故事情节，能展开想象，能激发起人们对酒店生活的向往，视觉、听觉上得到满足，甚至还能联想到嗅觉等。

OKR 教练：这个宣传片如果拍得好，会带来什么关键结果？如何衡量？

黄茉：会打动目标客户群体，有更多客户下单预订酒店。下单数量增加。

OKR 教练：客人看过这个宣传片后，和看这个宣传片前比，会有哪些认知上的变化？

黄茉：客人没有看宣传片之前，只能通过照片了解酒店。看过之后，会更加立体地了解酒店的地理位置、周边环境、外部景观、房间陈设，触发大家的情感体验。

OKR 教练：最后，思考"路径"。为了达到前面的"目的"和"结果"，我们在策划宣传片时有哪些侧重点？

黄茉：这个宣传片（包括画面、音乐），需要唤起客人对于"慢生活"的渴望。

OKR 教练：可以具体设想一下吗？例如，想一想之前跟酒店设计师沟通的思路，以及客人反馈中的"引爆点"，看看我们酒店在"慢生活"方面到底有哪些客人心目中的特色？

黄茉：（想了一下）我们酒店还是很棒的。

第一，在外部条件方面，酒店与湖区隔路相望，方便骑车、步行游览；酒店旁边是村庄和田野、度假村，田园气息浓厚。也许可以用无人机拍摄，让大家感受到"出了酒店就是湖"的便利性，透过视频感受到毗邻湖边的气息。市区开车过来 40 分钟，公路沿线风景不错。

第二，在酒店设计方面，酒店融合苏州园林的设计风格，建筑与植物、湖景完美结合。在一年四季每一日的不同时刻，都能拍出不错的照片。可以把这些景致融合进来。

第三，在房间陈设方面，酒店是两年前新建的，很多客户反馈喜欢酒店具有独特香气的洗浴用品，还有低调奢华的陈设（日式家具、高档吹风机、即热式饮水机、胶囊咖啡机、舒适床品、丝绒浴袍等）。让很多客户感到赞叹的，是不同造型的观景浴缸，融合了艺术气息和实用性，着实令人放松。这部分是酒店独有的，需要重点突出，引发客人的嗅觉、触觉感受。

第四，酒店的早餐也独具江南特色，食材新鲜，尤其是我们的荠菜馄饨是一些餐饮 App 上 5 星评价的"爆款"。

OKR 教练：太棒了，找到这么多亮点元素。设想一下，这样的宣传片可以怎么拍？

黄茉：结合对当下 30 ~ 50 岁人群生活方式的洞察，也许我们可以设计几类人群，包括单身白领女性、一对 30 岁久别重逢的情侣，还有其乐融融的一家六口。我们可以以他们的人设，编写他们在酒店发生的故事，同时把前面挖掘出来的酒店的独特卖点巧妙地融合进去。

例如，一位单身白领女性在都市工作，工作压力非常大，有一天她果断关掉电脑、驱车开到了湖边，看到我们雅致的酒店，忍不住进来观赏。她拍摄了不少酒店的景观，然后住在这里。宣传片里面，可以放大一下她走进房间的感受，包括在景观浴缸里放松、冥想，穿着丝绒浴袍在落地窗前一边远观宁静的湖面，一边享用胶囊咖啡机里面的咖啡，非常放松。这样才可以不只是风景、照片，而成为活灵活现的故事。

OKR 教练：真的要给你点个大大的赞！你可以用 POP 模型这样继续挖掘下去。非常期待看到这样有故事、有温度的酒店宣传片，吸引更多客人来享受这样有"松弛感"的生活。

看到这里，你是不是也可以拿起手边的一项工作，用 POP 模型尝试挖掘一下，也许就会有新的灵感冒出来呢！

三、说服自己，才能影响他人

安娜（化名）是一家欧洲某细分领域咨询公司中国区的负责人，并希望竞聘亚太区的负责人。为了能够帮她做更好的准备，我使用了 POP 模型带领她进行了思考，帮助她更有准备地应对竞聘。跟其他案例稍有不同的是，这个案例需要说服影响他人，因此思考对方角度的"目的、结果、路径"就非常重要。

OKR 教练：首先，思考"目的"。作为候选人，你为什么希望竞聘这个职位？你的诉求是什么呢？

安娜：我希望格局更大一点，现在我只服务中国市场，还希望探索更多。如果竞聘成功，我可以了解到亚洲其他市场，例如新加坡、日韩、东南亚等市场的特点。在这个过程中，能够满足自己的好奇心并获得成就感。此外，在工作范围扩大之后，我自己可以实现领导力的提升和思维的转变，也可以获得更好的物质回报。如果长期在这里工作，后面也可能有去欧洲工作和生活的机会。

OKR 教练：看来你对为什么要竞聘已经想得非常清晰了。下面我们来思考"结果"。竞聘这件事，你觉得怎样才算成功？

安娜：最好是能够拿到亚太区负责人的职位。如果这次不成功，也至少有机会能够与面试官（公司的副总裁，欧洲人）进行深入的对话，这是很好的自我展示，能为下次的机会打基础。

OKR 教练：很棒的思考。那么，我们再来思考"路径"。前面提到的"目的"，满足好奇心，获得成就感、物质回报，去欧洲工作生活等，除了竞聘这个岗位，还有其他方法吗？

安娜：有，例如参与公司在欧洲的项目，或者换一份能实现这些目标的工作。但目前最好的方法，是成功竞聘亚太区负责人的职位。

OKR 教练：很好。你觉得怎样才能帮助自己做好准备，去获得这个职位呢？

安娜：之前想过一些，我也与面试官有过业务对话，也表达过一些自己对工作的思路。但还没有思考得很清楚。

讨论到这里，我发现只从她自己的角度思考"目的、结果、路径"已经不够了。于是，我改为站在相关方角度来引导思考，看看从另一个角度能挖掘出什么。在竞聘这件事上，相关方主要就是面试官，即公司副总裁，一位欧洲人。

OKR 教练：首先，思考对方的"目的"。作为面试官，他为什么要招聘这个岗位？希望这个候选人能解决什么问题？

安娜：之前没有这个岗位，因为中国市场发展得比较好，公司也看到了市场机会，所以增加了这个岗位。

OKR 教练：其次，思考对方的"结果"。作为面试官，一个优秀的候选人，能带来什么？

安娜：能够扩大亚洲市场的份额，尤其是开拓新加坡、日韩、东南亚的市场，实现业绩翻倍的目标。（思考了一下）同时，以最小的管理成本实现该目标。

OKR 教练：很好，我们继续挖掘一下"结果"。对面试官来说，什么样的候选人会适合这个岗位？

安娜：这个候选人需要非常了解公司的产品和服务知识。还有，这个岗位目前主要需要开拓市场，所以需要候选人具备很强的大客户销售能力，包括对市场敏感、快速学习、获得客户信任、说服客户等，还有做决策时的商业经营分析和判断能力。如果有同行业亚太区的成功经验最好。

OKR 教练：很棒，想想还可以有什么？例如，这样的人有哪些特质？

安娜：（思考了几秒钟）还需要很强的积极主动精神和驱动力，自己设定目标，有韧性，能够克服困难实现目标。对了，做这一行需要很稳重。

OKR 教练：太好了，你非常清晰地知道对方到底需要什么了。那为了实现这个目标，除了提拔你，你觉得公司还可能有哪些其他选择？

安娜：可以从外部引进，可以从其他区域（例如北美、欧洲）派过来，可以从亚洲其他国家提拔。

OKR 教练：相比外部引进或者从其他区域派过来，你觉得自己有哪些优势呢？

安娜：从外部引进负责人，还需要有适应公司的过程，而我对公司已经非常了解，过渡期会比较短。从其他区域派过来的负责人，适应亚洲市场也需要时间。亚洲其他国家（如日韩、东南亚国家）的负责人，对中国市场的业务不是很了解，而中国市场是亚洲市场的重点。还有一点，我现在的薪酬水平不是很高，所以应该会比其他的选择更便宜啊！

　　OKR 教练：太好了。想清楚这些，再想一想你会有哪些卡点呢？或者说，面试官不选你的理由？

　　安娜：我最大的缺点就是对数字不是很敏感。之前参加一些管理层会议，经常会非常紧张，容易出错，也经常回答不出来老板从数字中观察出来的问题。还有，我是女性，我们这行还是偏重男性。

　　OKR 教练：对数字不太敏感这个卡点，你有什么方法弥补呢？

　　安娜：我当然可以加强这方面的学习，不过这方面可能仍然不是我最擅长的。不过我也许可以在公司内找一个搭档一起负责这方面的业务，如果我真的获得这个职位的话。

　　OKR 教练：你认为自己作为女性竞聘这个岗位有哪些优势呢？

　　安娜：人际敏感，更会跟客户以及下属打交道。

　　OKR 教练：你有没有想过，你的优势和劣势，哪些对于这个岗位更重要？哪些更难改变？

　　安娜：恐怕好强、好奇心更难改变，技能和经验相对需要时间积累吧。

　　……

　　讨论到这里，我们已经把面试官角度的"目的、结果、路径"思考清楚了。可以回到候选人自己角度的"路径"了。

　　OKR 教练：现在，面试官可能怎么想咱们也想清楚了。最后咱们想一想，你自己在竞聘这件事上，可以如何获得面试官的认可？

　　安娜：结合刚才的对话，我想到了自己在以下方面的优势。我在过去 5 年中，负责中国市场的业务，业绩翻了几倍，有很多成功的项目经验。我非常有好奇心和成就动机，不怕困难，能够跟公司一起开拓新市场。而且，我对公司非常了解，不存在外部引进人员"水土不服"的风险。另外在薪酬上，我的性价比也许更高。我的劣势主要在于对数字不敏感，还有我所在行业更偏重男性。因此，（停顿几秒钟）我的对策是，向面试官展示前面这些优势，同时建议如果我获得这个职位，可以找一位擅长商业分析的同事合作补齐短板。我回去整理一下思路，之后会跟面试官真诚地交流。

OKR 教练：看来你已经想得很明白了。你竞聘的动机可以打几分呢？如果满分 10 分。

安娜：9 分。

OKR 教练：如果这次竞聘不成功，你会遗憾吗？

安娜：不会。

聊到这里，安娜已经充满了兴奋感。在一小时的对话中，我看到安娜从最初的焦虑担忧，到感受到"条分缕析"的喜悦，还有"即使不能获得该职位也会很自信地展示自己"的平和。

在这个案例中，我们先从自身出发，探寻了自己的"目的、结果、路径"。然而，竞聘这件事其实需要一方的目标跟另一方的目标达成一致。当各方的目标相同，彼此又能成为对方路径中的最优选时，最容易达成合作。因此，我们从面试官的角度思考目的、结果、路径，然后回到自身角度思考"路径"，丰富了原来的思考。当你需要影响他人，让他人接受你的观点时，可以试试这个故事中使用的方法。尤其是当一项工作有多个相关方时，可以用这种方法挖掘不同相关方的角度，也许会更快地找出共识点。

第三节　用 POP 模型自我成长

一、以终为始过一生

我的朋友小美（化名）今年 30 岁，在一家大型企业做 HR。她的工作基本稳定下来了，但又感觉这份工作好像不是自己最喜欢的。她一边跟我抱怨工作中的各种不顺，一边叹息不知道自己能干点什么，眼中充满了困惑和焦虑。于是，我用 POP 模型带领她做了一些探索。

考虑到如果从"你人生的目的是什么"这个哲学问题开始，恐怕她很难回答。因此，这一次，我直接跳过"目的"，问"结果"。

OKR 教练：长期来看，你理想的职业状态是什么样？例如，50 岁时，你希望你的职业状态是什么样子？（挖掘"结果"）

小美列举了一些目标，并排出了前 5 个理想中的职业状态，分别是：受尊重、赚钱、有创造力、人际连接、时间自由。

OKR 教练：在达到这些目标的同时，有哪些要求？（继续挖掘"结果"）

小美：（思考了一下）能照顾家（老人孩子）、能与服务的人群深度对话（不希望以很低的姿态服务）、有自己的时间（学习、旅行、见朋友）。还有，不要太抛头露面，不要完全公开地展示自己。

当她想到这些要求的时候，我发现她的眼中迸发出希望的光芒。

OKR 教练：你觉得有哪些类型的职业，能满足你的这些要求？（从"结果"反过来思考"路径"）

小美：作家、咨询顾问、培训师、公益组织、歌手、平台的 KOL 博主等，这些都有专业知识和思考，能帮助别人，也能赚钱，还有一定的发展空间。

OKR 教练：倒推回来，40 岁时，你希望达到什么样的职业状态？（从长期结果，拆解到中短期结果）

我们又一起梳理出来这样几个：能和目标圈子接触、有自己的理论体系和实践、有前辈指导。

40 岁，好像还是有点远。我们再拆解得近一些：

OKR 教练：到 35 岁时，你觉得要达到什么样的状态？如果你现在已经 50 岁了，回首一下，你觉得怎样做会让自己不后悔？

小美：（想了一下）目前这份工作，我还打算干几年。35 岁时，找到后半生为之努力的职业赛道就可以。

聊到这里，她一改一小时前对当前工作的迷茫，坚定起来。

OKR 教练：如果用 OKR 来表述的话，从现在开始，在未来 5 年内，你可以做哪些事？

于是，我带领小美一边思考一边写。

O：35 岁时找到后半生为之努力的职业赛道

　　KR：跟 40 位目标职业的从业者了解信息，为未来从事该职业提供决策参考

　　KR：找 2 ～ 3 个相关的低成本容错机构，先用各种机会（例如兼职工作）去尝试、体验

　　KR：创办一个公众号，写出 ×× 篇文章，把工作中的点滴思考写出来，也成为自己未来的"名片"

　　KR：运营一个业余爱好社群，积累 ×× 个相关的人脉

　　KR：前提条件——做好分内的工作、跟同事们多学习；帮助孩子养成良好的性格和习惯；家庭关系保持和谐不出大问题

　　讲到这些，小美发现现在的工作、家庭成员都成了自己的资源和动力！

　　之后，她还可以将 5 年的 OKR，拆解成为一年、一个季度的 OKR。

　　在这个案例中，我主要带领小美从长期的"结果"出发，倒推思考"路径"。由于人生职业规划周期比较长，这里也借用了 OKR 的拆解方法，先思考长期 OKR，再不断拆解到中期、短期 OKR。这样就能先从焦虑中跳出来思考，跳出"眼前的苟且"，思考"诗和远方"。然后"站在未来看现在"，先找到长期目标，再找到当下可以做的事情。这样做现在才能走得坚定，明白自己在当下应该获得什么、忍耐什么、改变什么。正如一位领导力教练的分享："在高速公路上飞奔，你不会为路上的小石子而烦扰。"

二、在忙碌中做选择

　　打车时经常听到一些开网约车的司机师傅说他们每天工作 12 ～ 14 小时，

一个月挣万八千元。然而有一天，跟一位司机师傅的对话让我印象深刻。

上午 9 点多，司机师傅告诉我，接完这单就准备回家了。我很好奇："这么早就歇着了？很多司机师傅这个时间段才出来。"司机师傅告诉我，他曾经也有拼命接单的日子。他有位同行，曾经因为工作时间太长，太累了，结果在路口要踩刹车时睡着，跟前车追尾，这样拼太不安全了。现在，他的目标就是每月净收入六七千元，同时把身体照顾好。他发现，其实同样挣那么多钱，也有不同的挣法。

例如，工作日的上午 10 点到下午 5 点是平价，因此这个时间段他不出车，或者少出车，在家休息。他会总结，在哪些时间段、哪些地段容易有百八十元的"大活"，在哪些时间段和地段总是拉一二十元的"小活"。这样，他每天的工作时间不多，有充足时间休息，也能够好好陪家人。

虽然这位司机师傅也许不知道什么是 OKR 思维，但他实际上已经使用 OKR 思维的 POP 模型了。他的目的和结果很清晰，同时围绕这样的结果，选择了投入产出比最高的路径。他的 OKR 就可以这样写：

O：努力挣钱，照顾身体

KR1：每月净收入 7000 元，同时不得大病不需要去医院

KR2：在高价时间段出车，平价时间段休息，每天工作 8 小时

KR3：找到出"大活"的时间点和地段组合 20 个，并积累其他拉"大活"的窍门

围绕目的和结果，选择最高效的路径，这就是 POP 模型带来的事半功倍。

三、学习发展不落伍

经常有朋友向我咨询，工作几年后要不要读个 EMBA？对此，我们也可以用 POP 模型来分析一下。

读 EMBA 的"目的"到底是什么？会带来什么样的"结果"？例如，可能是为了获得更好的职业发展，如晋升、评职称，那么带来的结果就是获得文凭；可能是为了系统地学习商业管理，那么带来的结果就是建立商业管理的知识体系；可能是为了拓宽视野、结交人脉，那么带来的结果就是认识了班里优秀的同学；可能是为了获得更好的企业业绩，那么带来的结果是解决工作中的具体困惑。

想清楚"目的"和"结果"之后，我们还可以倒推一下，为了分别实现这几个目的，是否还有其他的路径呢？分析过程如表 4-3 所示。

表 4-3　用 POP 模型分析"EMBA 进修"

可能性	目的	结果	其他可能的路径
1	获得更好的职业发展	获得文凭	• 考研
2	系统地学习商业管理	建立商业管理知识体系	• 非学位学历的研修项目 / EMBA 系列主题阅读 • 边学习边写文章 • 边学边分享 • ……
3	拓宽视野，扩展人脉	认识了班里优秀的同学	• 校友圈子 • 行业圈子 • 地方圈子 • 直接客户拓展 • ……
4	获得更好的企业业绩	解决工作中的具体困惑	• 外部标杆交流 • 实战培训、顾问 • 咨询项目 • 长期教练 • ……

考虑到读 EMBA 的时间、精力和财务投入，在现阶段，最初想读 EMBA 的想法，是不是最适合自己？读 EMBA，是不是实现目标最高效的方式？如果明确了读 EMBA 是最好的方法，那么在想清楚目的之后，在选择读 EMBA 的机构和项目时也会更明智。

看到这里，也许你发现自己一直是按照 POP 模型来做事情的，那么太好了，你的 OKR 之旅会顺利很多！也许你发现自己从来没有这样思考过，相信你一旦开始这样思考，经过刻意训练，也可以掌握 OKR 思维。在日常工作和生活中，有非常多可以训练 OKR 思维的素材。

一位心理测量资深专家、AI 心理公司的 CEO 说："企业需要有 OKR 思维的人，有 OKR 思维的团队才是有战斗力的团队。如果团队里面有 OKR 思维的人的比重越来越大，那就是在跟一群明白人干事，否则就是在跟一群糊涂人干事。一旦大家的思维方式改变了，OKR 推广和实现 OKR 的某些价值，例如自下而上、激发创新，将不是大问题。"

希望 OKR 思维的 POP 模型维能够帮到你写出高质量的 OKR，同时帮你认知升维、做事事半功倍，成为一个更 "POPULAR"（受欢迎）的人。

本章要点总结

+ 在写OKR、做事情之前，可以围绕OKR思维的POP模型的"目的、结果、路径"三方面进行挖掘和思考。

+ 涉及他人的工作，尤其是需要说服影响他人的工作，除了从自己的角度思考，还需要站在对方的角度思考。

+ 围绕目的和结果，尽可能列举出所有的路径，也许会带来创新想法。

第五章

设定 OKR: 从 KPI 和任务清单 到 OKR

上一章，我们为大家介绍了 OKR 思维的 POP 模型。这一章，我们将为大家介绍如何设定 OKR，也就是 OKR 动作的第一步，如何写 OKR。本章是使用 OKR 的必读内容，也是实践中不少朋友感觉最难的部分。拿到一张空白表格，如何写出 OKR 呢？我们首先会介绍 OKR 的书写规范，除了介绍看起来有点像"八股文"的书写公式，更重要的是带领大家思考为什么有这样的书写规范，对业绩达成有什么好处。然后，也是更重要的，是与大家探讨设定 OKR 时如何思考，包括如何思考 O，以及如何从 O 拆解到 KR。不少朋友反馈这章内容有"干货"，很"硬核"。快快准备好，我们马上进入这一章的理性之旅。

第一节 书写 OKR：用文字梳理思维

这一节我们来看看 OKR 的书写规范。在自己写 OKR 之前，先帮别人"挑错"是很有趣且有用的学习方法。下面，我们先来看看一位 10 人团队负责人的季度 OKR，如图 5-1 所示。

O8：组织发展
KR1：新入职员工一对一沟通
KR2：高阶人才
KR3：实习生工作
KR4：1 次团建
KR5：团队 OKR 对齐
KR6：组织团队内部技术分享 1～2 次
KR7：每月做一次团队内吐槽大会

图 5-1 一位 10 人团队负责人的季度 OKR

结合前几章介绍的 OKR 特点，我们一起看看，这个 OKR 有哪些地方可以做得更好。

- OKR 提倡聚焦重点，O 和 KR 的数量一般建议在 3～5 个。这里 O8 和 KR7，有点多了。当目标太多时，重点就无法突出了。

- OKR 要实现的目标，需要让自己和他人清晰地了解。这里的 KR2 和 KR3 都只有名词，例如看到"高阶人才"，相关方可能会想：是要"招聘""联系"外部高阶人才，还是"留住"团队内部高阶人才？

- 对带领 10 人团队的负责人来说，"组织发展"这个目标太宽泛了。即使 7 个 KR 都实现了，也只能把自己的团队建设好，无法实现整个"组织"的发展。

- 与新员工沟通、招聘或留住高阶人才、实习生工作、团建、OKR 对齐、技术分享、吐槽大会，这些都只是一个个任务，分别要达成什么样的结果呢？这些任务完成了，O 就一定可以实现吗？
- 以上的 O 和 KR，是都能 100% 完成的，还是有一定挑战性的？

从上面的例子中，我们看到了 OKR 书写的常见错误。下面，我们介绍正确的 OKR 书写规范。

一、OKR 书写公式：先僵化，再优化

OKR 书写公式如图 5-2 所示。

O：做什么，为了什么
KR：做什么，产出什么

图 5-2　OKR 书写公式

首先，O 的前半句是做什么事情，后半句是做这件事情的目标。例如：

某市场负责人的 O：举办产品发布会，提升品牌知名度

某运营和财务总监的 O：高质量完成年度预算和规划，支持战略转型

某 HR 的 O：组织团建活动，促进新老团队融合

推荐这样有前半句和后半句的方式，是因为有些朋友的 O 只写了要做什么事情，例如：

O1：新人培训

O2：优化绩效制度

建议加上后半句"为了什么"，是为了提醒大家在写的时候，思考一下做这件事情的目标，而不是为了做一件事而做。

例如，"新人培训"，可能是为了"让新人快速融入团队"，也可能是为了"让新人快速独立负责项目"；"优化绩效制度"，可能是为了"改变'大锅饭'的现状，奖励优秀员工"，或者是为了"淘汰能力不足的员工"，又或者是为了"鼓励创新"。不同的目标，对应的 KR 是不同的。与这个 OKR 相关的员工，在设定 OKR 的时候，会更加明确如何与这个 OKR 的负责人配合好。

其次，KR 的前半句，"做什么"即任务，也就是实现目标的"路径"，需要思考做什么是取得该结果的最好方式。后半句，"产出什么"，即关键"结果"。前面的路径，到底能产出什么以及如何衡量。如果没有后半句，KR 只写"路径"，那么 OKR 可能是这样的：

O：实现销售额突破 500 万元

KR1：参加行业内的论坛和线下交流会

KR2：每周拜访 5 家客户

KR3：举办 10 次客户沙龙

我们可以反思：参加行业内的论坛和线下交流会、每周拜访 5 家客户、举办 10 次客户沙龙，当这些事情做完之后，销售额突破 500 万元的 O 就能实现吗？销售人员可能辛辛苦苦拜访了很多客户，参加了很多会议，但没有实现这个目标。

但如果这样写：

O：实现销售额突破500万元

KR1：参加行业内的论坛和线下交流会，以会议营销方式成交200万元

KR2：每周拜访5家客户，新客户成交100万元，老客户续费200万元

KR3：举办10次客户沙龙，带来可跟进的客户线索30个

在上面这个例子中，"以会议营销方式成交200万元""新客户成交100万元，老客户续费200万元""带来可跟进的客户线索30个"分别是KR1 ~ KR3的关键结果。有了这些结果，才可以衡量参加论坛、拜访客户、举办沙龙是不是成功了。如果没有后半句，销售人员辛辛苦苦参加了很多行业内的论坛、线下交流会，可能只是交换了名片，认识了一些人而已，没有带来商机，更谈不上成交；而有了"以会议营销方式成交200万元"，销售人员会思考：参加什么样的论坛、线下交流会，才能成交200万元？是参加、主办，还是赞助？过程中如何得到线索、如何促进转化、成交？因此，并不是这些任务有助于实现O，而是每项任务最后实现的"产出"之和，才能实现O。

在实践中，建议先按照OKR的公式书写，形成习惯后不必完全拘泥于公式。

O可能是一个举措，或者只有目标，例如：

某销售副总裁的O：大举进军华南市场

KR不一定写全任务和可衡量的结果，也可能这样写：

KR：生产产能达到××吨

当 KR 只写结果不写路径的时候，建议写上总体的举措，或另有文件说明具体行动计划。否则，就会类似 KPI 的格式，不会带来通过关键结果反思路径的效果。而 KR 中的可衡量的结果则必须写上。

二、无法量化的工作如何写 KR

KR 书写要符合 SMART 原则，这一点与 KPI 和其他一些目标管理工具一样。SMART 是 5 个词语的首字母组合：Specific（具体）、Measurable（可衡量）、Attainable（可实现）、Relevant（相关）、Time-bound（有时间期限）。

其中，具体、可实现、有时间期限这 3 项都相对好理解。"具体"往往与"可衡量"相联系；"可实现"是指"跳一跳能够得到"；"有时间期限"是指"在某个 OKR 周期内实现"，例如季度 OKR 是需要在季度内实现的。下面我们就其中的两大难点，"可衡量"和"相关"做一些探讨。

约翰·杜尔的《这就是 OKR》，英文原名就叫 *Measure What Matters*（直译为"衡量重要的事"）。由此可见"可衡量"的重要性。"可衡量"也很好地体现了 OKR 以事实和数据为基础的"理性范儿"。

"可衡量"会让目标更加清晰、明确，能激发行动。可衡量与否的 KR 对比如表 5-1 所示。

表 5-1　不可衡量与可衡量的 KR 对比

不可衡量的 KR	可衡量的 KR
提高生产效率	某产品的生产周期从 20 天降低到 10 天
提升专业能力	通过 ×× 专业资格高级考试
我想有钱	50 岁前家庭非房产收入达到 2000 万元

看了左边"口号式"的 KR，大家可能还是不知道怎么做。而看了右边的 KR，大家可能更清楚目标实现以后到底是怎么样的，也更可能想清楚要去做哪些事情。

很多朋友困惑，"人力、行政、设计"类工作，不能变成数字，如何可衡量、如何写 KR 呢？下面我们来介绍**衡量的 4 种层次**。

心理学家斯坦利·史密斯·史蒂文斯提出了衡量的 4 种层次，分别是：定类、定序、定距、定比[①]。

- 定类：是一种分类标签，例如男、女（所分类别之间没有顺序关系）。

- 定序：除了分类意义，各类别之间存在着顺序关系。例如大学教授等级（教授、副教授、助理教授、讲师）、教育程度（大学以上、大学、高中、初中、初中以下）、社会经济地位（高、中、低）。

- 定距：除了具有分类、顺序意义，数值大小反映了两个被观察者的差距或相对距离，数值大小可加减，不可乘除。例如，温度：10 摄氏度、20 摄氏度、30 摄氏度，但 40 摄氏度不是 20 摄氏度的 2 倍。

- 定比：变量除了有定距变量的特性，还有一个真正的零点，可以进行加减乘除。例如，体重 80 千克是体重 40 千克的 2 倍。

我们可以发现，大家常说的"定量"方法其实只是衡量方法中的一种。当我们碰到无法归纳为数字的事物时，除了用定量方法，还可以使用其他衡量方法。结合实践中 KR 的书写，建议采用如图 5-3 所示的 3 种衡量方法。

---

① 风笑天. 现代社会调查方法 [M]（第六版）. 武汉：华中科技大学出版社，2001.

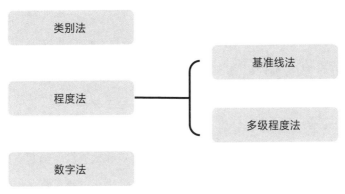

图 5-3　KR 衡量三法

类别法。对应前面提到的定类衡量层次，用一个**平行类别**到另一个**平行类别**的转换来衡量。例如，KR：从外包研发，转为自主研发；KR：从内部晋升管理者，转为外部招聘。

程度法。对应前面提到的定序衡量层次，这是设定 KR 时**非常常用**的方法。可以使用如下两种方法。

①**基准线法**：用达到某个基准线来衡量，描述"从无到有"。例如，KR：**拿到**新一轮融资；KR：**通过**律师资格考试；KR：为产品和研发团队提供视觉设计稿，**得到一致认可**；KR：撰写年度规划，**通过董事会的决议**。

②**多级程度法**：用程度转变来衡量，描述"从有到良、到优"。这种方法也是**最需要训练**的。使用这种方法最核心的问题是，**这件事做得好、一般、不好分别是什么样子？**把对应程度的具体状态描述出来。例如，KR 是"加深与某客户的信任关系"。可以思考现在跟客户的关系是，只知道客户的手机号，客户不愿意加微信；而期望跟客户的关系是，客户愿意添加销售人员的微信。那么就可以写：KR：通过 ×× 动作，客户愿意添加销售人员的微信。又例如，KR：

与某合作伙伴的合作，从接单派单模式，加深到双方共同深度参与客户项目全过程。KR：提升英语水平，能够熟练地与海外客户进行商务谈判。

③**数字法**。对应前面提到的定距和定比衡量层次。这是大家最熟悉的方法，例如，常见的客户满意度、销售额、利润率、订单数量、研发和生产指标等，也就是用"数字"衡量。用这种方法撰写 KR 时，建议描述"从 ×× 提升或下降到 ××"，或保持在某数字范围内，体现改善点和挑战性。当起点比较低的时候，也许提高 2% 并不难；但如果从 95% 提升到 97%，就会发现难度到底有多大了。例如，KR：通过 ×× 方法，将线索 – 试用转化率从 20% 提升到 30%；KR：通过 ×× 方法，将 30 日留存率从 30% 提高到 50%；KR：某批次产品的次品率从 5% 下降到 3%。

可衡量是很多 OKR 初学者的难题，下面我们介绍一些案例帮助大家理解和应用。

案例 1：一位新入职的同事，设立的目标是："O：快速上手工作。"这个目标的 KR 该怎么衡量呢？可以思考一下，那些工作上手快的同事是什么样的？如果上手慢，会是什么样？

刚入职的时候，什么工作都不会做，只能跟着其他同事参与项目。如果上手很快，过了不久就可以自己做项目了；如果上手慢，就总会需要别人带着干活。那么，"多久能独立负责项目"就可以作为一个衡量方法。刚入职时，只能参与项目；希望 3 个月后，能独立负责普通项目；6 个月后能够独立负责重点项目。此外，如果发展得好，一段时间后就希望能够晋升。这位同事的 OKR 可以这样写：

O：快速上手工作

KR1：1 个月内能够参与项目，并得到项目经理的认可

KR2：3 个月后能够独立负责普通项目，6 个月后能够独立负责重点项目

KR3：1 年内能够成功运营 ×× 个重点项目

KR4：1 年内从项目助理，晋升为项目主管

总体上，这 4 个 KR 使用了多级程度法，描述清楚了在 1 个月、3 个月、6 个月、1 年时目标实现的程度，分别是能够"参与项目""独立负责普通项目""独立负责重点项目""成功运营 ×× 个重点项目"，以及"晋升为项目主管"。

其中，KR1 和 KR2 中，"得到项目经理的认可""独立负责普通项目""独立负责重点项目"使用了基准线法。KR3 中，"成功运营 ×× 个重点项目"使用了数字法。KR4 中，"从项目助理，晋升为项目主管"使用了多级程度法。

通过具体的描述，"快速上手"就变成了可衡量的 KR，相信这位新入职的同事也会更有目标感地工作。

案例 2：一位同事要撰写客户调研报告。这个 KR 怎么衡量呢？可以思考一下，上级安排自己写这份报告，是为了给谁看？要解决哪些问题？这份报告如果想要得到认可，应是什么样的？例如，字数多少，包括哪几个方面，内容的细致程度？什么样的报告，会是一个"垃圾式"的报告，毫无意义？也许可以采用下面这些方法写 KR。

KR：调研报告达到市场上一线咨询公司的水准。"达到……水准"，使用了基准线法

　　　　KR：调研报告得到公司"A 类"创新奖项。得到"A 类""B 类""C
类"奖项，使用了多级程度法

　　　　KR：调研报告找准客户核心痛点、产品吐槽点和后续优化点。"找
准客户核心痛点、产品吐槽点和后续优化点"，使用了基准线法

　　　　KR：产出调研报告带来的改进，能创造 ×× 万元的价值。"能创
造 ×× 万元的价值"，使用了数字法

　　思考 KR 时，描述越具体，越接近"可衡量"。我们在 OKR 教学中经常请
学员们思考如何衡量"提高跨部门协同能力""调动团队主动性""提升顾问式
销售能力"这类平时可能被认为无法量化的问题。经过大家群策群力，这些问
题都有可能找到可衡量的方法。如果你暂时还写不出来，有可能是这类工作的
经验积累不足，或思考不深，还需要上级或 OKR 教练的更多辅导和自身更多的
思考。

三、KR 与 O 相关

　　介绍完"可衡量"，我们再来讨论"相关"。在教学中，"相关"是指两个变
量之间，一个变量变化，另一个也会变化。OKR 中的相关，主要指 KR 与 O 的
关系，包含以下三个意思。

- KR 有助于 O 的实现。例如，有研究表明，睡眠质量跟心理健康相关，
  如果 O 是"提升自身的心理健康水平"，那么其中一个 KR 可以是早点
  睡觉，或者睡前进行瑜伽冥想，来提升睡眠质量。
- 理想情况下，如果几个 KR 实现了，O 就实现了。OKR 不是项目管理，

无法穷尽所有事项，但需要 KR 能够实现 O 的大部分内容。

- 因为 KR 最多只能有 3 ~ 5 个，因此 KR 必须是"关键的"结果。

按照这个标准，我们在写完 OKR 之后需要回看一下，是否漏掉了关键的事项。

例如，如果有个销售同事这样写 OKR：

O：实现销售额突破 500 万元

KR1：招聘华北大区销售总监，2 个月内入职

KR2：进行销售技能培训，帮助销售团队从关系型转变为顾问型

KR3：促进各大销售区域的协同，区域之间共同拿下订单的项目数量达到 ×× 个

单独看每一个 KR，招聘销售总监、进行销售技能培训、促进销售区域之间的协同，都有利于销售业绩的提升，这说明每一个 KR 与 O 都是相关的。但如果跳出来看，你会发现，光实现这几个 KR 有可能并不能实现销售额突破 500 万元，可能还漏掉了很多其他事项，需要再进行思考。

四、OKR 的"写作"技巧

1. 控制数量

巴菲特曾经与他的私人飞行员麦克·福林特讨论麦克的职业生涯。他请麦克写出 25 个重要目标，然后圈出其中最重要的 5 个目标。麦克说："我马上着手实现这 5 个目标。至于另外 20 个，可以在闲暇的时间慢慢实现它们。"巴菲

特却说："不，你搞错了。那些你没有圈出来的目标，不是你应该在闲暇时间慢慢实现的，你应该像躲避瘟疫一样躲避它们，因为它们会侵蚀你的时间。"

无论是上市公司的 CEO、分管几个事业部的副总裁、部门负责人的 OKR，还是管理 10 个项目的研发工程师的 OKR，无论是年度 OKR 还是季度 OKR，一般都只建议写 5 个以内的 O 和 KR。

项目太多，看看如何分类、合并、提炼目标。事情太多，就要想一想：哪些可以授权给别人负责，哪些必须自己亲自抓？哪些事情只是事务性的，做到就可以，哪些事情是必须投入更多精力的？哪些事情如果不做，会带来巨大的损失？

如果这个阶段重要的事不多，只有 1 ~ 2 个 O，也没有必要非写到 3 ~ 5 个。宁少勿多。梳理一下，遵循"二八法则"找出其中最重要的 20%。只写重点目标，而非全面周到，这也是 OKR 与项目管理的区别之一。

2. 使用动宾短语

写 OKR 的时候，很容易忘了 OKR 是"目标"。"目标"就是要"实现"什么，"到哪里去"，而不是"研发""产品""招聘"这类名词。因此，用名词代表一类工作时，前面加上"动词"非常重要。

建议使用动宾短语，来表述 O 和 KR。大家可以看看这两类写法的对比，如表 5-2 所示。

表 5-2　名词与动宾短语写法对比

名词表述	动宾短语
O：团队工作	O：**打造**一支有战斗力的团队
O：生产工作	O：**夯实**生产基础

（续表）

名词表述	动宾短语
KR：人员培训	KR：**策划**通过率**达到** 100% 的网络安全主题培训
KR：某银行客户	KR：**增进**与某银行客户的信任，**签署**合作协议

当名词变成了动宾短语，大家可能会发现，"推动力"好像增强了。如果一家公司的每个人在每个月都在思考"提高、降低"什么，或者"优化、改善"什么，而不是按部就班地"完成"任务，相信这家公司会有更好的绩效。困难谁都有，市场竞争激烈、资源不够用、跨部门协作难，可是"我如何"应对？我可以"推进"，我可以"提高"，我可以"降低"。只有大家"动"起来，"改变"起来，扩大"影响圈"，才能"让事情发生"。

3. 使用正向形容词

"如果你想造一艘船，需要激起自己对浩瀚无垠的大海的向往。"在 OKR 中使用积极正向的形容词描绘目标实现后的样子，例如"一流的、优秀的、创新的、完善的、大幅、极大"，会有助于激励人心。这样写出的 OKR，才容易先点燃自己，再点燃他人。例如：

某 CEO 的 O：成为全球细分领域的**前三强**

某销售负责人的 O：半年内打下行业内**标杆**客户

某市场品牌负责人的 O：找到品牌的**最新**定位，渗透消费者心智

某人力负责人的 O：打造**高敬业度**的**一流**组织

某客户服务同事的 O：夯实专业能力，成为**受欢迎的**客户服务专家

这里面的"前三强""标杆""最新""高敬业度""一流""受欢迎的",都是能激励人心的正向形容词。

4. 颗粒度适中

经常有朋友很困惑,"这个 O 看着很像 KR",或者"这个 KR 看着很像 O"。一个原因在于,O 和 KR 的颗粒度都是可粗可细的,就看这是"谁"的 OKR。一般来说,管理的人和事范围越大,O 的颗粒度就会越粗,涵盖的内容会更多;管理的人和事范围越小,O 的颗粒度就会越细,涵盖的内容会更少。

如果一位 CEO 的 O 总是某些具体的小事情,并且不是特定时间 CEO 要亲自抓的某几件事情,那么可能 O 的颗粒度太细。除了亲自抓或亲自做的事情,CEO 的 O 是由全公司的人共同实现的,因此可以是类似"O:成为全球细分领域的前三强"这样粗的颗粒度。

再看几个例子:

> 某 HR 负责人的 O:打造高敬业度的一流组织
> 某市场品牌负责人的 O:找到品牌的最新定位,渗透消费者心智

如果一位同事主要负责"上线某一个产品功能",却写成"O:优化用户体验",颗粒度就太粗了,因为 KR 本来只对应"上线某一个产品功能",没有办法完整实现"优化用户体验"这样的目标。建议写成"O:上线某一个产品功能,优化用户体验"。这样,"优化用户体验"就只是"上线产品功能"背后的一个目标。

在实践中,需要结合具体职位、工作内容、上下级授权等因素来考虑 O 的颗粒度粗细。

5. 适度挑战

OKR 提倡设定有挑战性的目标。按部就班、稳定不变的工作不建议写进 OKR，要把改进型的工作写进 OKR。谷歌有句话非常形象，如果一个 OKR 让你"觉得有点不舒服，又有点兴奋"，这个 OKR 就是一个有挑战性的 OKR。另一方面，KR 书写的 SMART 原则中的 A 代表可实现。因此，适度挑战意味着"跳一跳能够得到"。

挑战性可以用信心指数来体现。如果满分为 1，信心指数在 0.8 ~ 1 分之间，毫不费力能实现，那么 OKR 可能设定得过于保守；如果信心指数在 0 ~ 0.3 分之间，OKR 可能设定得太有挑战性。我们提倡信心指数在 0.6 ~ 0.7 分之间，OKR 的挑战性是适中的。

有研究表明，当挑战性在合理范围内时，人员绩效会直线上升；然而当挑战性达到一个临界点之后，人员绩效会快速下降。这也解释了为什么 OKR 的特点包括"适度挑战"了。

到这里，我们就介绍完 OKR 的书写规范了。现在我们可以回顾本章开头案例中的季度 OKR，看看可以如何修改。

这位团队负责人的季度 OKR 可以如图 5-4 所示这样写。

O5：打造一支高专业度、高敬业度的团队
KR1：组织团队内部技术分享3次，沉淀前沿专题文档3篇@某同事
KR2：通过OKR共创会和对齐会，团队内OKR上下一致、有效承接@自己
KR3：与HR配合面试高阶人才，招聘某岗位1人5月份入职@HR
KR4：新入职员工一对一沟通，明确新同事的岗位角色、对齐OKR@自己
KR5：每月做一次吐槽大会，了解团队槽点，明确改进办法@HR

图 5-4　一位 10 人团队负责人的季度 OKR（修改后）

其修改的要点如下。

- 原来 8 个 O 太多。经过梳理，这位负责人发现"团队建设"是本季度的重要工作，因此保留作为本季度 5 个 O 之一。

- O 的颗粒度从"组织"缩小到"团队"，而且明确了希望打造的团队是"高专业度""高敬业度"的，积极正向。这个 O 作为几个季度的 O，会一直存在，但每个季度重点工作不同，因此 KR 会有不同。

- O 和 KR 都使用了动宾短语，例如"打造团队""组织分享""沉淀文档""明确角色"等。

- 从重要性上看，实习生工作和团建，交给其他同事负责，不在自己的 OKR 中，因此去掉了。保留的几个 KR，都对相关同事进行提示（"@"），并与他们沟通对齐。

- 运用了 KR"做什么，产出什么"的公式，加入每个 KR 的可衡量的产出，如"明确岗位角色""了解团队痛点""明确改进办法"等。

- 5 个 KR，依据与 O 的相关性高低，由高到低依次排成 KR1 ~ KR5。（在实践中，大家也可以为 O 和 KR 设置权重）

- 各 KR 也都相应地增加挑战性，例如内部技术分享由 2 次提升到 3 次，某岗位招聘 1 人从 6 月中旬入职提前到 5 月入职。

现在，你对 OKR 的书写规范也许有了一些了解。如果你觉得了解得还不够深入，我们在本书的附录中还有一些练习题可以帮你强化理解。同时也欢迎你在实践中不断巩固 OKR 的书写规范。

读完这一节，你可能会说："搞了半天，OKR 就是八股文啊！"在实践中，你并不需要完全拘泥于书写规范，不同的 OKR 老师也会有不同的 OKR 书写规范要求。重要的是通过 OKR 来梳理思维方式，帮助自己"想"清楚，也方便与他人沟通清楚。

斯坦福大学认知心理学家雷拉·波洛狄特斯基曾经在 TED 演讲中，介绍了语言是如何影响思维方式的。在写每个周期的 OKR 时，因为只能写 3 ~ 5 个 O，每个 O 只能写 3 ~ 5 个 KR，所以你需要思考，到底什么是最重要的事？因为要按照 OKR 的书写规范写 O 和 KR，所以你需要思考，做一件事到底是为了什么，做成什么样才是好的，做事情的关键点是什么？因为 OKR 要有挑战性，所以你需要思考，脑洞是不是需要更大一点、给自己加加码？这些都会在刻意练习中，逐渐影响我们的思维方式。

刚开始学习 OKR 的思维方式，固然需要花些时间。然而，当一家公司中每个人都使用这种共同的思维方式和工作语言时，效率的提升就是必然的。

第二节　同事说，我的 O 写得没有高度

了解了 OKR 的书写规范，大家在实践中经常遇到的难题往往是这样的："如果上级没有交办我任何工作，那么我的 O 是什么"，以及"O 有了，但 KR 是什么"。

OKR 鼓励自发设定。对习惯了"我的 OKR 就是领导交办的工作"的朋友来说，当需要自己思考目标的时候，可能就感到茫然了。下面的两节内容，我们来聊聊写 OKR 背后的思考。如果你写出的 O，被同事或上级认为"只是罗列

了具体工作""没有高度",那么你可以好好读一读本节了。

石蕾(化名)是一家成长型公司的 HR 负责人。这家公司成立 3 年来,发展很快。石蕾加入公司比较早,算是公司的老员工了,与创始人一起搭建出现在的团队。

又一个季度开始了,石蕾准备花一点时间,静静地思考下个季度的 OKR。她首先想了一下目前各个方面的需求。

第一,为了激励同事们更加拥抱挑战,开放学习,CEO 提出启动公司的企业文化建设。这件事也在石蕾的年度 OKR 里面,之前跟 CEO 对齐过,下个季度需要启动了。可以先做第一步,即做好这件事的总体规划;来得及的话,提炼公司的企业文化关键词和含义,在下个季度考虑推广。

第二,业务部门最近反馈的比较多,他们希望 HR 提供以下几方面的支持。

引进研发、销售关键岗位人才:公司目前人员流动水平正常,不过为了今年和明年的业务发展,希望再引进几位关键岗位的人才,夯实团队。

促进部门协同:各个部门之间有些信息沟通不是很顺畅,有几个部门希望 HR 能从公司层面多制定一些信息沟通机制,例如定期会议。

协助业务部门进行人才盘点:有两个部门的负责人希望请 HR 协助识别和盘点部门内的人才情况,目前是业务部门负责人用自己的"土办法"在做这两项工作,他们希望 HR 能提供专业的指导。

　　第三，也收到一些员工层面的反馈，有一些年轻的基层管理者希望公司能够提供管理技能方面的培训，便于自己更好地带团队。

　　第四，HR 部门的同事，前几天跟自己反馈，觉得手头的事务性工作占据了比较多的时间，希望在某几个 HR 专业模块上有一些学习时间。

　　第五，石蕾自己一直也有提升 HR 部门专业度的想法。她觉得目前的团队总体还不够专业化，更多的是在忙眼前的一件件事情，应该更有战略高度，各 HR 专业模块也可以再深入一些。

　　同时，她最近听了一些线上分享，有个深刻的体会是，"要当好 HR，必须对业务有深入的思考"。从包括行业趋势、客户需求、竞争格局、内部优势等方面，做到知己知彼，这样才能运筹帷幄。在这家公司的 2 ~ 3 年，她对公司的业务有了一些了解，但对公司业务的"本质"还是了解得不够。其他各部门的负责人，也没怎么讨论过这个话题。她希望加深这方面的探索。

　　此外，这个季度要进行绩效评价了。考虑到之前各部门在绩效评价时遇到的问题，例如评价偏主观、评价不全面、当老好人等情况，她打算这次加入更多绩效评价的沟通和培训，帮助评估人了解公司政策的制定初衷，并提高评价技能。

这样，石蕾依据收集的各方面的需求总结出如表 5-3 所示的 O 提议。

表 5-3　石蕾的 O 提议

需求来源	O 提议
上级	（1）营造挑战、开放的企业文化
相关方（业务负责人）	（2）引进研发、销售关键岗位人才 （3）促进部门协同 （4）协助进行人才盘点
相关方（员工）	（5）管理技能培训
下属	（6）HR 专业模块学习
自己	（7）提升 HR 团队的专业度 （8）加深对业务本质的理解 （9）绩效评价季度，启动绩效评价培训

这么多事情，到底哪些应该作为这个季度的 O 呢？石蕾首先发现，（6）和（7）可以合并。然后还剩下 8 项：

（1）营造挑战、开放的企业文化

（2）引进研发、销售关键岗位人才

（3）促进部门协同

（4）协助进行人才盘点

（5）管理技能培训

（6）提升 HR 团队的专业度

（7）加深对业务本质的理解

（8）绩效评价季度，启动绩效评价培训

这 8 项中，到底哪些更重要？在这个季度，哪些对公司的价值更大？

（1）"营造挑战、开放的企业文化"。这一项是 CEO 指派的，而且在今年的 OKR 中，这个季度必须启动了。其他几项如何筛选和排序呢？前一阵，她学到一个办法："思考一件事不做的危害，就可以知道做这件事的价值。"她打算试试这个办法。

（2）"引进研发、销售关键岗位人才"。在这个行业，一个优秀人才的产出可以是普通人的好几倍。同时公司正处于快速发展期，关键岗位人才需要尽快补齐，而且他们还可能引荐其他人员加入下面的团队。除了补齐关键岗位人才，还需要保持一定的外部人才接触，一旦有空缺就能马上补上。这件事不做，肯定会影响业务发展。

（3）"促进部门协同"。目前各部门之间有一些自发的协同机制，但是大家觉得还不够。但就算 HR 部门不重点参与，带来的危害暂时也不会那么大。有一些小的跨部门会议，可以交给 HR 小伙伴来协调。

（4）"协助进行人才盘点"。目前这只是两个部门负责人私下跟自己提出来的需求，还是个性化需求，没有形成共性需求。而且用他们自己的方法暂时也还能应对。用两小时给他们做次分享就够了。

（5）"管理技能培训"。目前也只有一些同事提出来，没有形成共性问题。这件事情可以考虑申请一些预算，让同事们自行外出学习，由公司报销。公司暂时可以不组织集体学习。

（6）"提升 HR 团队的专业度"。这项可以是 HR 部门的长期重要 O，从这个季度开始，每个季度做一点事情。

（7）"加深对业务本质的理解"。这个话题虽然看起来不是自己的"分内"工作，不过对公司来说很重要。只有公司核心高管对业务的本质理解得更透彻，业务部门才会把重点抓得更清楚，HR 部门在选用育留各方面配合时也更清晰。她打算跟 CEO 发起这方面的研讨，这一项也可以作为 OKR 复盘里面的一个环节。

（8）"绩效评价季度，启动绩效评价培训"。在这个季度，这一项应该是非常关键的事情。绩效评价做得不好，就无法筛选出优秀的同事、拉开差距，不能奖励优秀的人，也不能淘汰差的人，同时不利于下一个绩效周期的工作。

于是，她去掉（3）、（4）和（5），还剩下 5 个 O：

O1：营造挑战、开放的企业文化

O2：引进研发、销售关键岗位人才

O3：提升 HR 团队的专业度

O4：加深对业务本质的理解

O5：绩效评价季度，启动绩效评价培训

她写下这 5 个 O，感觉目标清晰了一些，工作有了抓手。

但下一个问题来了：自己有没有资源去实现这些 O？这些 O 是不是可行的？她发现，O5 实现起来难度不大；O1 和 O3 是长期工作，这个季度要实现的程度可以策划一下。

对于 O4，看起来重要，不过暂时好像没有太多资源。一方面，自己不知道如何研究；另一方面，不知道 CEO 和其他部门负责人是否配合。不过倒是可以在高管会议上跟大家提议，看看能否获得一些支持。如果能获得大家的支持，也许真的可以作为一个自己的 O，甚至是公司高管团队的 O。如果暂时得不到大家的支持，也可以作为自己"提升 HR 专业能力"中的一个小 KR。然后她又结合当前的紧急程度，重新把这几个 O 排了一下顺序：

O1：引进研发、销售关键岗位人才

O2：绩效评价季度，启动绩效评价培训

O3：营造挑战、开放的企业文化

O4：加深对业务本质的理解

　　O5：提升 HR 团队的专业度

　　O1、O3、O4 和 O5 作为跨几个绩效周期的 O，颗粒度相对粗一些，不过每个周期的 KR 会不一样。O2 的颗粒度更细。

　　这样，这个季度的 5 个 O 就设定好了。下一步，她打算去跟 CEO 和业务部门负责人进行 OKR 对齐。

　　在刚才的案例中，石蕾分别做了以下几件事情。

- 第一步，收集各个方面的需求，作为 O 提议。包括从上级来的、从相关方来的（业务负责人、员工）、从下属来的（HR 团队）、自己发起的。然后对需求进行合并。
- 第二步，考虑在这个绩效周期，需求的重要程度，考虑每个 O 的价值。
- 第三步，考虑 O 的可行性，也就是实现 O 的资源。

　　从实践中，我们抽取了 3 个要素，作为思考 O 的角度，如图 5-5 所示。

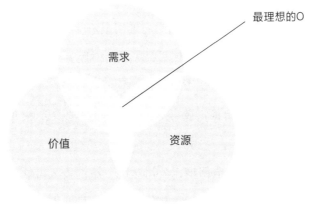

图 5-5　思考 O 的三要素

首先，考虑"需求"。需求可以是从客户或用户角度考虑的，涉及公司的外部客户或用户，或公司的内部用户、相关方，也可以是自己提出的。谈到需求，就需要了解对方需要解决什么问题，现状如何和期望实现的目标，并提供对应的解决方案。需要考虑个性需求和共性需求，表面需求和潜在需求。

设定 O 需要从由外而内的视角考虑，考虑 O 是不是能够解决外部客户或用户的问题。否则，这个 O 可能只是一厢情愿设定的。例如，某 CEO 设定 O 之前不调研客户反馈，不考虑市场竞争格局，可能导致研发的产品适销不对路，或者公司的路线策略屡屡受挫；某研发团队设定上线新产品功能的 O，但这些功能并不是用户真正需要的，只是研发团队自娱自乐，浪费了资源；某职能部门（如 HR、财务、法务）发起一些业务部门不需要的项目作为 O，业务部门还需要花时间配合。

设定 O 时，从需求角度可以思考：这项工作是谁发起的？他们遇到了什么问题需要解决？需求背后的潜在需求到底是什么？现状如何，问题被解决后是什么样子的？这个 O 有没有解决真正的问题？

其次，考虑"价值"。价值是从对自身的回报角度考虑的。考虑这个 O 是否能带来回报，并与公司的战略、整体目标一致。对服务外部客户或用户的 O 来说，价值需要考虑客户或用户是否愿意付费，公司能否在一段时间内赢利；对服务内部用户的 O 来说，价值需要考虑公司是否愿意投入，最直接的判断方式就是上级是否认可。

如果缺乏了对自身的价值回报，公司对这个 O 的投入可能得不到产出，对商业组织来说，无法赢利意味着无法持续。例如，早期投入太多资源做产品开发和运营，实现了大量用户价值，然而没有找到用户或第三方付费的场景，长期无法变现、资不抵债，最后产品也只能下线。

设定 O 时，在价值角度可以思考：这个 O 能为公司带来什么？能获得收入和利润吗？能提升公司的核心竞争力吗？与公司的战略、整体目标一致吗？能得到公司的认可吗？

最后，考虑"资源"。资源是从现实的可行性角度考虑的，涉及在一定限制条件下实现 O 的可能性。无论是实现内外部需求，还是实现公司价值回报，都需要有资源的支持。谈到资源，就涉及人力、物力、财力、技术、时间等限制条件，需要预先评估。

OKR 要求适度挑战，设定"跳一跳能够得到"的目标，因此，就算还没有100% 的资源支持，但如果具备 70% ~ 80% 的资源，这个 O 也可能是可以尝试的，可以推动你为了目标去找资源。然而如果毫无资源支持，也只能是空中楼阁。例如 CEO 定了 3 年上市的长期 O，公司同事评估下来都觉得目标太过远大，久而久之这个 O 就失去了激励意义。

设定 O 的时候，从资源角度可以思考：有没有合适的人去做？是不是团队愿意做的事？有没有足够的专业技能？有没有足够的预算？技术上的障碍是什么？时间是否来得及？有没有组织内的支持方？

思考以上 3 个要素，有利于设定能够平衡对外需求、对内商业利益、现实可行性的 O。因此，在设定 O 时需要具备系统思考的能力，并与内外部相关方进行沟通对齐。大家可以先从一个要素入手，再思考另外两个要素。例如先思考需求，再看有没有价值，以及有没有资源去实现；也可以先看看手上有哪些资源，这些资源可以做什么，再看看有没有需求，以及需求是否有价值。

需要说明的是，在设定 O 时需要结合特定的时间框架来考虑。例如设定年度 O 时，需要思考一年内的这 3 个要素；设定季度 O 时，需要思考一个季度内的这 3 个要素。有可能一项工作在半年后具备这 3 个要素，在当下却不具备，那么这项工作的优先级可以往后排。

第三节　有了 O，KR 写不出来怎么办

当 O 已经很明确时，如"打赢销售战役""提升客户体验""开发一个受用户欢迎的产品"，怎么写好 KR 呢？这里为大家介绍 KR 的两类写法。

一、描述成功画面

第一类，KR 可以具体描述"目标实现之后的状态"。例如：

O：提高销售收入

KR：销售额达到 500 万元，利润达到 10%

O：开发一个受用户欢迎的产品

KR：产品的用户数量达到 ××，留存率达到 ××%，推荐率达到 ××%

KR：产品在业内排行榜上连续 3 年稳居前三

在 KR 中写清楚 O 的具体衡量指标。例如，销售额最理想是 500 万元，利润最理想是 10%；受用户欢迎，用户数量、留存率、推荐率、行业排名会提高多少。

二、描述实现路径

第二类，也是更为关键的，是在 KR 中描述"O 的实现路径"，也就是如何能实现 O。下面，我们介绍 5 种拆解方法（见图 5-6），帮助你从 O 拆解到 KR。

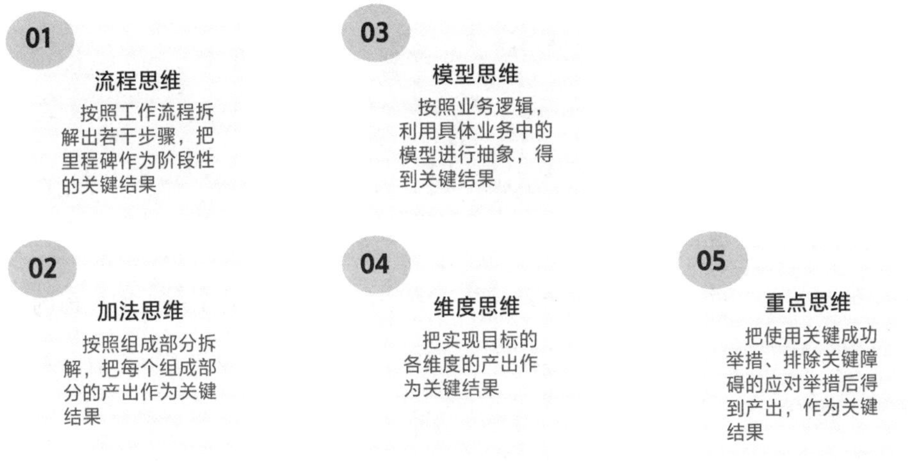

01
流程思维
按照工作流程拆解出若干步骤，把里程碑作为阶段性的关键结果

03
模型思维
按照业务逻辑，利用具体业务中的模型进行抽象，得到关键结果

02
加法思维
按照组成部分拆解，把每个组成部分的产出作为关键结果

04
维度思维
把实现目标的各维度的产出作为关键结果

05
重点思维
把使用关键成功举措、排除关键障碍的应对举措后得到产出，作为关键结果

图 5-6 O 到 KR 拆解五法

1. 流程思维

把总体的 O，按照工作流程拆解为若干步骤，每一个步骤作为一个 KR 的内容，把该步骤的产出作为该部分的关键结果。有几项关键步骤就有几个 KR。

某市场策划项目同事的 OKR 可以这样写：

O：在 × 月 × 日前，完成 A 项目策划，提升项目知名度

KR1：在 × 月 × 日前，完成策划案初稿，项目组内成员达成共识

KR2：在 × 月 × 日前，策划案通过部门内评审

KR3：在 × 月 × 日前，策划案通过公司董事会评审，开始启动实施

需要说明的是，如果按照流程思维来写 KR，那么一定要写具体的时间节点，这样在执行过程中方便跟进并评价 KR 的完成情况。这种方法，往往是最容易想到的方法。写出来的 OKR 跟"任务清单""工作计划"差不多，只是有明确的时间节点和产出。当我们在做一件没有做过的事情，或者做这类工作还属于新手的时候，从 O 到 KR 的拆解，可以使用这种拆解方法。

2. 加法思维

把整体的 O 拆解为若干个"组成部分"，每个"组成部分"作为一个 KR 的内容，把该"组成部分"的产出作为该"组成部分"的关键结果。例如，一场音乐会包括上半场和下半场；一家公司的业务分布在 5 个城市；一家公司的人员可以分为高层、中层、基层，或者分为 10 个部门等。这些"组成部分"加起来等于整体。

例如，某公司的销售大区，按照地域进行管理，分为华东区、华北区、华南区、海外区。那么可以这样写 OKR：

O：三季度，公司实现销售额 5000 万元

KR1：通过……，华东区实现销售额 1200 万元

KR2：通过……，华北区实现销售额 1800 万元

KR3：通过……，华南区实现销售额 1000 万元

KR4：通过……，海外区实现销售额 1000 万元

再如，某公司的产品按照销售量和市场欢迎程度来划分，可以分为头部爆款产品、腰部产品、尾部产品。那么产品负责人可以这样写 OKR：

O：四季度，各产品销量达到 1000 万元

KR1：通过……，头部爆款产品销量达到 600 万元

KR2：通过……，腰部产品销量达到 300 万元

KR3：通过……，尾部产品销量达到 100 万元

用加法思维拆解 O 的时候，需要注意，各 KR 的产出之和需要大于等于 O 中的总体目标，这样才能做到当所有 KR 都实现时，O 就实现了。使用这种方法，同一个 O，也可以有不同的拆解方法。在实际工作中，到底是按照区域划分，还是按照产品或部门划分，要结合公司的业务特点、组织架构、人员分工来进行，每一个 KR 都要有明确的责任人。

运用加法思维，探索不同的拆解方法，也有助于拓展思路。例如，一家餐厅，如果早餐、午餐、晚餐独立管理，菜品不同，可以拆解为：营业额 = 早餐营业额 + 午餐营业额 + 晚餐营业额。对应的 OKR 可以这样写：

O：提高餐厅的营业额

KR1：通过……，将早餐营业额提高到 ×× 万元

KR2：通过……，将午餐营业额提高到 ×× 万元

KR3：通过……，将晚餐营业额提高到 ×× 万元

如果以往主要是堂食，最近正在开拓外卖生意，那么可以拆分为：营业额 = 堂食营业额 + 外卖营业额。对应的 OKR 可以这样写：

O：提高餐厅的营业额

KR1：通过……，将堂食营业额提高到 ×× 万元

　　KR2：通过……，将外卖营业额提高到 ×× 万元

　　如果这家餐厅地处某商圈，工作日以商务宴请客流为主，周末以附近居民客流为主，希望针对这两类客流采取不同的营销推广手段，那么可以拆解为：营业额 = 工作日营业额 + 周末营业额。对应的 OKR 可以这样写：

　　O：提高餐厅的营业额

　　KR1：通过……，将工作日营业额提高到 ×× 万元

　　KR2：通过……，将周末营业额提高到 ×× 万元

　　按照这种方法，你可以尝试思考，"提高公司的组织能力""提高人员工作能力"等主题的 O，可以有哪些不同的 KR 拆解方法。

　　有些朋友看到这里可能会想："这有什么难的？面面俱到而已。我平常就是这样工作的啊。OKR 跟我的项目、计划管理有什么区别呢？"我们再来看另外三种拆解方法。

3. 模型思维

　　按照业务逻辑总结出模型，结合模型在每一个环节努力，得到关键结果。每一个环节，都可以作为一个 KR 的内容。

　　例如，前面谈到餐厅的例子，营业额除了运用加法思维拆解，还可以这样拆解：某以单品为主打（例如黄焖鸡米饭）的餐厅的月营业额 = 顾客人数 × 客单价，也就是月营业额与有多少人来吃饭，每个人消费了多少钱相关。那么，对应的 OKR 可以这样写：

　　O：实现月营业额 500 万元

KR1：通过市场促销活动，将顾客人数提升到 ×× 人

KR2：通过开发受欢迎的新菜品，将客单价提升到 × 元

某快餐公司的月营业额 = 每桌顾客消费额 × 桌数 × 餐桌使用次数 ×30 天，那么，对应的 OKR 可以这样写：

O：实现月营业额 500 万元

KR1：通过……，将每桌顾客消费额提升到 ×× 元

KR2：通过扩大店面，将桌数提升到 ×× 桌

KR3：通过吧台椅和长桌面的设计、播放时尚快节奏音乐等，提升餐桌使用次数到 ×× 次

再举一个例子，一家 2B 企业，根据销售漏斗模型，可以把销售过程分为如下几步：销售线索 / 潜在客户—意向客户—方案建议—谈判成交。例如，收到 100 个销售线索，初步沟通后得到 50 家意向客户，其中有 30 家提交了建议，经过几轮沟通，有 10 家签署合同。从每一步到下一步都存在一定的转化率，因此总体形成了一个漏斗模型。这家企业可以这样写 OKR：

O：实现销售额 500 万元

KR1：线索阶段：通过……方法，获得 ×× 个销售线索

KR2：意向阶段：通过……方法，增进目标客户对我们独特优势的了解和信任，带来 ×× 家感兴趣的意向客户

KR3：方案建议阶段，抓住 ×× 客户核心痛点，×× 家客户进入谈判

KR4：谈判阶段，做好……工作，与 × × 家客户签署合同，实现销售额 500 万元

按照模型思维拆解 KR，往往能找到关键的驱动因素。因为这类模型的公式，往往是乘法或除法，而不是前面的加法（整体大于等于各流程或各部分的产出之和）。因此，通过改变其中一个要素，会给整体带来数倍的拉动效果。

我曾经在一家公司的 OKR 工作坊中，引导销售团队利用这种拆解方法为"提升销售额"的 O 找 KR。有的团队经过认真思考，探索出了每一个销售环节的关键因素和关键动作，找到了后续业务可复制的路径。

刘润老师有一个关于人生商业模式的模型：人生商业模式 = 能力 × 效率 × 杠杆。其中，能力包括：勤奋、可怕的勤奋、高效而可怕的勤奋。效率包括：选择、方法、工具。杠杆包括：团队杠杆、产品杠杆、资本杠杆、影响力杠杆。

按照这个模型，就可以设定这样的 OKR：

O：探索成功的人生

KR1：能力——明确想要的能力 × × 项，并通过刻意练习、延长高效的工作时间，来提升 × × 能力到……

KR2：效率——围绕成功人生的样子，明确方向，做出对应的关键选择，并找到适合自己的提升效率的工具

KR3：杠杆——通过组建优秀团队、打造爆品、与资本结合、扩大优质人脉等方式，使杠杆数量和水平达到……

感兴趣的朋友可以阅读模型思维方面的书籍，了解和借鉴他人总结的方法

论进行 KR 的拆解；也可以自己有意识地总结自己工作中的模型，找到实现 O 的 KR。例如，一家 SaaS 公司的营销总监，会通过监测营销推广的投入和产出，总结出自己公司的营销模型；一家家居公司会定期分析产品从设计到生产再到销量的数据，总结验证自己公司的业务模型。这些案例都非常值得借鉴。

4. 维度思维

为了实现 O，设想从不同的维度努力，把实现各个维度的产出作为关键结果。

例如，打造一本畅销书，可以从主题选择、内容策划、写作和编辑、营销推广这几个维度入手。把每个维度写成一个 KR。

O：打造一本畅销书

KR1：主题选择——选择吸引读者的主题，可以是热门的、有争议的或有趣的选题

KR2：内容策划——厘清书的内容框架，包括大纲、章节安排、故事情节，做到逻辑清晰、标题引人入胜

KR3：写作和编辑——经过多次修改和润色，使文字准确、简洁、流畅、可读性强

KR4：营销推广——利用社交媒体、传统媒体和线上书店等渠道进行书籍推广，实现销量 ×× 册

例如，一家生产企业的一个 O 是"提升产品一致性，保证良品率，减少制造的固定损耗"，他们分别从工艺设计、作业方法、检验控制等维度拆解 KR，

一个 KR 提升一个维度。还有一家公司希望提升组织能力，他们从"杨三角"的三个维度入手，拆解出员工思维（愿不愿做）、员工能力（会不会做）、员工治理方面（容不容许做）三个维度的 KR。按照这种方法拆解时，可以参照业内一些专业机构的方法论，确保不漏掉重要的维度。

5. 重点思维

除了前面四种拆解方法，还有最后一种特别需要经验和洞见的拆解方法——重点思维。

二八法则，意思是关键的少数要素起着重要的作用。例如，团队中 80% 的业绩是 20% 的优秀成员带来的，工作 80% 的产出来自 20% 的工作事项等。约翰·杜尔在《速度与规模：碳中和的 OKR 行动指南》[①]中谈道，在"保护自然"这个目标中，有一个被低估的要点是"保护原住民的权利、土地和生活方式"，因为原住民只占全球人口的 5%，但其土地拥有世界生物多样性的 80%"。猎豹移动的 CEO 傅盛谈到了"狼牙棒思维"："这个时代不再要求你是一个德智体美劳全面发展的好学生，只需要你在某一个点上很独特。一旦找到这个点，它就会让你在很平的世界上一下子突显出来。"在拆解 KR 时，如果能找到"关键的少数"，或者是"狼牙棒"，就可能得到很高的投入产出比。

首先，"重点问题"，可能是解决了这个问题后，其他问题就顺带解决了，或者其他问题变得不那么重要了。企业资源有限，如果兼顾每一件事情，可能会平均用力，忽略了最关键的成功因素。而找到"重点问题"才是"撒手锏"。

---

① 杜尔. 速度与规模：碳中和的 OKR 行动指南［M］. 杨静娴，译. 北京：中信出版集团，2022.

　　刘润老师曾写过季琦的案例[①]。季琦在 10 年间带领 3 家公司（携程、如家、华住）实现纳斯达克上市。他认为，酒店的本质，是用来睡觉的；其他一切的设施（健身房、游泳池、餐厅、小冰箱、浴缸和电视），都在睡觉这件事之外。因此，虽然客人对酒店的需求包括：餐饮设施、建筑美感、大堂、客房大小、前台服务便利性、客房家具及设施、床品质量、卫生、客房安静程度、价格，然而汉庭（华住酒店集团创始品牌）把资源都投放在了床品质量、卫生、客房安静程度这三个核心需求上，其他维度的需求都只达到合格水平，高质量地满足只有 300 元预算的目标客户的核心需求。

　　如果 O 是取得汉庭酒店的成功，那么季琦找到的 3 个 KR 就是想方设法提高床品质量、卫生、客房安静程度的水平。通过击穿客户的核心需求，汉庭获得了飞速的发展。"一个理工男眼中的酒店业，透过房间，都是规律。"

　　稻盛和夫先生在管理日航的时候，发现"心"是关键因素[②]。他要求乘务员对乘客充满感谢和关怀，态度亲切、温暖。哪怕是机内广播，也不能照本宣科，而是用自己的语言表达自己的心声，让乘客"下次还想乘坐这架飞机"。

　　萧秋水在《知识变现：开启你的自由工作之路》[③]中写道："很多人问我为什么能成功，我说我娶了一个好老婆。很多人以为我在开玩笑，但这是个很重要的事实。她帮我解决了很多后顾之忧，让我完全没有顾虑地在前面奔跑。大部分人不是比我能力差，也不是不如我有才华，而是每天的生活把他的优秀都打

①　刘润独家专访季琦：中国的酒店业，就是 5 篮水果 .

②　稻盛和夫 . 心：稻盛和夫的一生嘱托［M］. 曹寓刚，曹岫云，译 . 北京：人民邮电出版社，2020.

③　萧秋水，剽悍一只猫 . 知识变现：开启你的自由工作之路［M］. 北京：文化发展出版社，2017.

磨成了平庸。"那么,"娶了一个好老婆"就可以是他"获得成功"这个 O 的一个 KR。

其次,"重点问题",可能是排除了一个关键卡点,好比"擒贼先擒王"。

我曾经辅导一位研发负责人。他的一个 O 是研发某个产品。最初他的 OKR 是使用流程思维写的。我问他:开发这个产品,你觉得难吗?他说,难。我问他难在哪里,他告诉我其中有 3 个关键卡点一直在攻坚,其他的都好解决。

于是我请他把这 3 个关键卡点作为 3 个 KR,带领团队讨论每一个 KR 到底可以用哪些方法解决。他非常努力,在几天后给我的答复中,为每个 KR 写了 3 ~ 4 种解决方案。他告诉我,通过思考这个问题,他感受到了 OKR 带来的思维价值。

最后,"重点问题",也可能是不费力但效果好的"助推"行为,"杠杆效用"比较大。

北京一家知名餐饮企业的负责人告诉我,他们曾要求服务员在顾客点餐时讲一句顺口俏皮的话来推销羊肉串,这为他们带来了不菲的收入。如果 O 是"提升销售收入",那么 1 个 KR 就是"让服务员向每位顾客说推销羊肉串的广告语"。

在北京三里屯有一家店,一楼经营咖啡厅,二楼经营服装店。咖啡客单价低但客流量高,服装客单价高但客流量低。老板发现一个重要的管理动作,就是让一楼咖啡厅的服务人员在顾客点好咖啡后说一句:"做咖啡需要几分钟,您可以去楼上看看我们的服装。"这样能把咖啡厅的客流量带到服装店,通过增加服装店的客流量来提高营业额。

《助推：我们如何做出最佳选择》^①这本书提到了很多以小博大的例子。例如，学生食堂把苹果之类的健康食品放在容易拿到的地方，把薯条之类的不健康食品放在不容易拿到的地方，学生们就会倾向吃健康食品；在男性小便池中雕刻一只苍蝇，就能大大减少排泄物外溅——因为人们会对着苍蝇瞄准。

我一直认为，重点思维是非常有意思也很有价值的拆解方法。实现一个目标，要做的工作也许有 100 项，然而因为一个 O 的 KR 只能写 3 ~ 5 个，所以这个规则会逼着你不断思考，到底什么是真正的"关键"结果。

想用这种方法拆解出 KR，需要对自己的工作有深入研究。约翰·杜尔先生用了 15 年时间，与全球各界专家一起研究，才为全球气候问题设定了 10 个 O，55 个 KR。

在商业环境中，一组普普通通的"流程式"和"加法式"KR，即使被同行看到也无所谓（当然对你自己的帮助也没有那么大）；而一位行业高手的"重点思维 KR"，必须是保密的。因为那是一个"能赢"且"能持续赢"的点。

在一家企业的 OKR 共创工作坊中，一位管理者建议："在座的各位都是高管，大家不要使用流程思维、加法思维这样的拆解方法，而是使用模型思维、维度思维、重点思维，这样才能找到实现公司挑战性目标的真正要点。"

对于一项新工作，可以使用流程思维、加法思维这 2 种拆解方法；有一定经验后，建议尽量要求自己和团队使用另外 3 种拆解方法，探索规律、寻求关键。当你真正运用好这些拆解方法时，OKR 就不再是只有量化结果指标的 KPI，也不再是罗列任务的"任务清单"，而是有路径、有关键抓手、有结果的真正的 OKR 了。

看完这一章，你就了解了本书中也许最烧脑但也非常有价值的内容。桥水基

---

① 泰勒. 助推：我们如何做出最佳选择［M］. 刘宁，译. 北京：中信出版社，2009.

金的瑞·达利欧在《原则》中写道："设定目标需要你擅长更高层次的思考，如设想未来、优先排序；找出并且不容忍问题，需要你明察秋毫，擅长综合分析，始终保持高标准；诊断问题需要你理性思考，能够看到多种可能性，并愿意与其他人进行高质量的交流；规划方案需要你拥有想象力和现实感……思考难以解决的问题也许会让你焦虑，但不思考（因此不尝试解决）肯定会让你更焦虑。"如果你还不习惯这样思考，也可以请 OKR 教练帮忙，刻意训练自己具备这种思考能力。

也许有朋友说，这么讲逻辑的思考，AI 也许更擅长。相信随着 AI 的演进，AI 写出来的 OKR 可以为我们提供思路，查漏补缺。然而，人类在实践中的深度思考、创意和"一招制胜"的关键点，人类对于目标的梦想、憧憬、激动，是 AI 不具备的。只有拥有这些，OKR 才是有情有理、有血有肉的。

在下一章中，我们将分享如何进行 OKR 对齐，让"理性范儿"的 OKR 能够激发众人、让事情发生。

本章要点总结

+ 建议OKR的书写公式：O——做什么，为了什么；KR——做什么，产出什么。

+ OKR书写技巧：控制数量，使用动宾短语，使用正向形容词，颗粒度适中，适度挑战。

+ KR的书写要符合SMART原则，重点是可衡量、相关。不可量化的工作可使用分类法、程度法来衡量。

+ 理想的O具备这三个要素：有需求、有价值、可实现。

+ O到KR拆解五法：流程思维、加法思维、模型思维、维度思维、重点思维。

第六章

对齐 OKR：用智商，也用情商

在周期初，设定好 OKR 之后，还有一个重要的环节就是"对齐"OKR。这一章，我们来谈谈如何沟通各自对 OKR 的想法，达成团队共识。

在一家科技公司的中高管年度战略会上，CEO 热情洋溢地发表着演讲。他谈道，公司所在赛道正好遇上国家政策上的利好，加上公司产品技术上的优势，公司一定能大有前途。

"我们今年的业绩必须翻番。我们邀请了一家外部战略咨询公司，设定出来公司今年的六大必赢之战，就是公司的 6 个 OKR，我非常认同。你们下去开会讨论一下，怎么把这 6 个 OKR 落地执行……人力资源部门也会针对这 6 个 OKR 设定考核办法，对于实现不了的部门和人员将进行惩罚和淘汰。"

散会后，几位高管私下议论：

"这里面的 KR 具体都是什么意思啊？"

"6 个 OKR 里面，这个业务线是发力重点，我倒觉得另一个业务线应该加大马力啊。"

"业绩要翻番，这个目标实现不了吧？竞争对手也很厉害，我们底子还很薄。"

"老板让你落地，你就执行呗。把这些 KR 指标往下拆一拆，让下面人搞去呗。"

"目标太高，但法不责众。早就被惩罚惯了，脸皮厚一点呗。实在完不成，其实也不能怎么样。"

……

一个季度过去了，公司还是按照去年的发展轨迹稳步发展，跟 6 个 OKR 里的内容关联不大，距离 CEO 的业绩翻番也非常遥远。

在这个案例中，价格不菲的战略咨询费，似乎没有发挥应有的作用。公司花了很多精力在 OKR 设定上，但设定好的 OKR 被束之高阁。团队不使劲，战略不落地。曾有一位上市公司高管向我吐槽："战略都是有的，不过没有几个能理解好、执行好。"看来，OKR 的"对齐"还真的相当重要。

为什么用"对齐"这个词，而不是"委派""传达""执行"？我们在做PPT 的时候，会把几张图片进行"对齐"。自然界有些鸟成群结队快速飞行时，鸟儿们会利用视觉和叫声来相互匹配方向、交换飞行路径信息，以协调速度，既避免碰撞又不掉队。这是鸟群的"对齐"。"对齐"的意思是，让两个及以上的事物"配合得一致、整齐"。这里涉及两个及以上的事物，也涉及"一致""整齐"。可能是一个事物以另一个事物为标杆来"对齐"；也可能是几个事物寻求一个共同的标杆来"对齐"。"对齐"这个词语的背后是"平等"。

用在 OKR "对齐"中，可能是以某人的标准为标杆，也可能是大家寻求共识的标杆，只要能够达成一致，朝着一个方向和目标前进就可以。

在传统科层制组织中，"对齐"主要是自上而下的，上级设定目标，下级执行。VUCA 时代的组织，越来越扁平、敏捷，弱化中心式管理，那么"鸟群式360 度对齐"也就变得更加重要。对每一位使用 OKR 的"用户"来说，学会对齐是重要的职场技能，同时这也考验每个人的领导力水平。因为，组织中的每一位成员，无论职位高低，无论是团队管理者还是个人贡献者，都有可能是某一个 OKR 的负责人，而这个 OKR 会涉及不同的同事。

第一节　什么叫真正"对齐"了

在讨论如何"对齐"OKR之前，我们可以先探讨，怎样叫真正的"对齐"。你可以先通过表6-1所列的这些问题，看看你所在的团队在 OKR 对齐方面做得怎么样。请在符合这种情况的描述后打"√"。

表 6-1　OKR 对齐自测

情况描述	是否符合
每个人在系统上或 Excel 上写出来 OKR，就"默认"对齐了	
上级指定下级的 OKR，下级执行	
上一级 OKR 的内容，传到下面几层，"走丢了""走偏了"	
OKR 没有负责人，或没有关联和通知相关人员	
执行的时候才发现，对 OKR 的文字理解有偏差	
开 OKR 对齐会，表面沉默和同意，不敢、不想表达不同观点	
分歧和冲突较大，无法达成一致	

"OKR 对齐"方面的常见问题，主要体现在以下方面。

- 没有对齐意识。尤其是使用了 OKR 系统的公司或团队，认为自己在系统上"晒"出来的 OKR 他人可见，就不需要花时间"对齐"了。

- 没有双向沟通过程。只有自上而下，或自下而上的沟通。

- 缺乏真正的共识。表面"同意"，但分歧太大。

如果 OKR 对齐做得好，团队成员会理解团队的 OKR，知道后续什么时间做什么、做到什么标准；团队成员相互认同自己和相关同事的 OKR；团队成员对自己和团队的 OKR 有承诺；团队成员感受到实现 OKR 的动力，有一定的信心。

在 OKR 对齐中，有三个关键词：澄清、共识、承诺。

在实践中，我们发现不少团队往往在讲要"做什么"和"怎么做"上花的时间、精力较多，而在"为什么做"以及跟"人"相关的"共识、承诺"方面关注较少。如果说好的 OKR 对齐要求 3H——走脑（head）、走手（hand）、走心（heart），那么，很多团队只是做到了"走手"，而"走脑"和"走心"不足，很难真正做到 OKR 对齐。

第二节　对齐 OKR 的常见做法

为了达到前面谈到的 OKR 的对齐标准——澄清、共识、承诺，这里分享三种 OKR 对齐的会议：OKR 共创会、OKR 对齐会（包含一对多和一对一）、OKR 宣贯会，如表 6-2 所示。同时欢迎大家发明创造不同的 OKR 对齐实践，并分享给我们。

表 6-2　OKR 对齐的三种会议

	OKR 共创会	OKR 对齐会（一对多）	OKR 宣贯会
使用场景	首次使用 OKR、年度 / 半年度 OKR 或业务方向需要探讨时使用	经过定期的 OKR 共创会，团队方向明确，每人可写出自己的 OKR	公司级、团队级 OKR 已确定，在公司或大团队范围内单向传递，让所有人了解
线上 / 线下	线下	线下 / 线上	线下 / 线上
适合对象	公司管理团队、团队核心成员	团队成员	全员
会议时长	1～2 天	1～3 小时	1～2 小时
共创程度	高	中	低
沟通方式	双向沟通	双向沟通	单向沟通为主

（续表）

	OKR 共创会	OKR 对齐会（一对多）	OKR 宣贯会
参与人数	10 ~ 40 人	20 人以内	不限
组织难度	中高	低	低

下面，我们将分别对这三种 OKR 对齐的会议进行说明。

一、OKR 共创会

OKR 共创会，就是一群人共同讨论要到哪里去、未来目标、如何去。每个人带来自己看到的信息，共同讨论，得到产出，好比熔炼合金的过程。OKR 共创会意义重大、频率较低，建议有条件的企业邀请专业的外部顾问、有经验的 HR 或战略部门来引导 OKR 共创会。

表 6-3 以公司级别的 OKR 共创会为例，介绍 OKR 共创会的步骤。

表 6-3 公司级别的 OKR 共创会步骤

步骤	目的	内容
前期调研	了解业务总体的战略方向和现状 明确各方对 OKR 共创会的产出期望、投入度等 提前准备	• 调研方式：访谈和问卷 • 调研内容：战略方向、当前业务进展、主要挑战、对 OKR 共创会的期望等
会议设计	明确会议的目的、产出、流程	• 设计会议流程、场地安排、引导参与人员等
现场引导	产出公司或大团队的 OKR 和逐级 OKR	• 建议由专人引导，共创过程由远及近，由大到小。例如，共创顺序为：公司年度 OKR—公司季度 OKR—部门年度 OKR—部门季度 OKR
后续跟进	将产出尽快投入使用	• OKR 推广部门督促相关人员会后调整、确认，并进入 OKR 跟踪会议

表 6-4 是某家企业的 OKR 工作坊的会议设计概要。

表 6-4　某家企业的 OKR 工作坊的会议设计概要

某家企业的 OKR 工作坊		
目的：围绕公司整体战略方向，明确 202× 年度目标、策略、行动，并落地战略		
产出： 1. 公司年度 OKR 2. 公司季度 OKR 3. 各部门年度 OKR 4. 各部门季度 OKR		
时间：202× 年春节前，2 天 参与对象：CEO、各部门负责人共 30 人 会议形式：线下		
会议流程		
环节	内容	产出
明确方向	• CEO 讲解公司的使命、愿景、价值观和下一年度战略方向	• 公司的使命、愿景、价值观和下一年度战略方向
处理信息	• 分享企业外部和内部信息	• 对下一年度公司战略方向和目标的对策建议
共识大局	• 共创公司年度 OKR • 共创公司季度 OKR	• 公司年度 OKR、季度 OKR
参与贡献	• 共创各部门年度 OKR、季度 OKR	• 各部门年度 OKR、季度 OKR

一些企业的 OKR 共创会质量不高，往往有下面这样一些原因。

第一，战略方向不清晰。如果方向不清晰或者总是变化，OKR 共创会的质量会受到影响。因为，OKR 不是设定战略的工具，而是落地战略的工具。同时，每一次的 OKR 共创也是不断回顾和修正战略的过程。需要在 OKR 共创会之前，先明确战略方向。

第二，信息输入不佳。如果没有高质量的信息输入，产出的 OKR 质量也不会高。信息输入质量不高，可能是某个人或某几个人说得很多，其他人不敢说、不愿说、不会说；也可能是陷入集体盲区，外部信息收集不足、思维受限；还可能是业务能力不足，视野不够，挑战性的 O 缺少高质量的 KR。共创会需要营造安全的氛围，让大家敢说、愿意说；可以邀请内外部人士输入外部实践、标杆案例；也可以提前收集更多内外部信息，或邀请相关方代表参与公司或团队的 OKR 共创中的某个环节。

第三，信息分析和决策不足。而对大量的信息输入，能不能在短时间内快速整理信息、抓出关键信息、分析判断、做出决策，就要考验参与者的思维能力和对 OKR 工具的掌握程度了。建议尽可能邀请专业的外部顾问协助企业完成，这有助于提供中立安全的环境，并通过设计和现场引导，像"助产士"一样帮助企业在有限的时间内得到想要的产出。企业挑选外部顾问时，可以考虑顾问对 OKR 的理解深度和运用能力、工作坊引导技巧，以及对企业所属行业和其业务的了解程度。只有这样才能灵活扮演"培训师＋咨询顾问＋引导师"角色，帮助产出高质量的 OKR，为战略落地打下坚实基础。

二、OKR 对齐会

当一家公司或团队的大方向经过共创会明确之后，日常使用频率最高的就是 OKR 对齐会了。与 OKR 共创会不同的一点是，参加 OKR 共创会之前，参会人员不知道 O 和 KR 分别是什么，需要"共同创造"。而参加 OKR 对齐会前，由于大方向明确，每个人可以直接带着自己初版的 OKR 来进行讨论。

张志（化名）是一家互联网公司某产品团队的负责人。他负责一个 50 人的团队，团队分为两个层级，直接下属有 10 位。公司正在使用季度 OKR。

现在是 6 月 20 日了，张志要跟团队进行第三季度的 OKR 对齐。年初公司进行了 OKR 共创，目前总体按照年度战略方向在进展。

首先，他跟自己的上级，主管产品的副总裁明确了产品团队下个季度的战略方向和工作重点。同时也从重要的相关方那里，包括销售团队、售后团队，收集了来自客户方面的需求，明确了下个季度的工作重点。此外，结合自己收集到的竞争对手的情况，团队内部反映的问题，以及第二季度的 OKR 完成情况，他拟定了产品团队第三季度的 3 个 O 和初步的 KR（只包含关键的衡量方法和关键举措），对大致的人员分工也有了一些思考，并与上级和主要相关方负责人进行了沟通。

6 月 21 日，他用半小时与 10 位直接下属沟通了在 OKR 方面的信息，分享了目前自己拟定的 3 个 OKR，以及下一步的重点工作、大致的人员分工。然后请 10 位直接下属回去撰写自己的 OKR，约定 6 月 28 日召开一轮 OKR 对齐会。（考虑到他的下属总体比较成熟，他倾向于多鼓励下属提想法，提议 OKR）

6 月 28 日，是他与直接下属召开 OKR 对齐会的日子。考虑到他的直接下属有 10 人，人数较多。在之前的 OKR 对齐会上，他与 10 位直接下属挨个轮流沟通他们的 OKR。有下属反馈跟自己关联度不高的内容有些浪费时间，毕竟团队现在的分工比较明确，而且团队成熟度比较高。这次，他打算换一种更高效的方法。

张志约了一个 3 小时的会议室，他会一直在这里。

他按照 10 位直接下属之间的协作密切程度，把与同一个 OKR 相关的 2 ～ 3 位同事放在一起作为一个小组进行沟通对齐。因此，他这样安排其中的 2.5 小时：

15 分钟：张志介绍自己的第三季度 OKR，包括 3 个产品团队的 OKR，还有 1 个他自己的 OKR。

30 分钟：与小组 1 的 3 位直接下属沟通他们各自的 OKR。

30 分钟：与小组 2 的 3 位直接下属沟通他们各自的 OKR。

30 分钟：与小组 3 的 2 位直接下属沟通他们各自的 OKR。

15 分钟：与小组 4 的 1 位直接下属沟通他的 OKR。

还有一位刚入职不久的直接下属，他会与这位直接下属进行单独的 30 分钟线下会议，探讨他下个季度的工作方向、重点和 OKR。

以上时间，他的直接下属会在约定的时间段内到线下会议室开会（或线上接入视频会议）。同时，整个会议开放给这 10 位直接下属，感兴趣的同事可以自愿线上接入视频会议旁听。

会议前，他要求 10 位直接下属把各自的 OKR 整合在一个共享文档中。他提前看过，并在某些地方进行评论。

会议过程中，所有参会人员会在共享文档上及时记录修改、记录改进点，会后调整确认。张志会在共享文档中，记录下整个产品团队需要讨论的"停车场"问题，包括产品团队依据什么来排优先级、对关键技术问题的看法、如何提升整个团队的共性能力等。

最后 30 分钟，他邀请所有 10 位直接下属线上入会，共同讨论前面记录的"停车场"问题。会议结束时，他要求所有直接下属在 7 月

5 日前，结合会议情况，与各自的下属进行 OKR 沟通对齐；在 7 月 10 日前，10 位直接下属在 OKR 系统上修改 OKR，并通知他进行确认。同时，他向 10 位直接下属发送了一份匿名问卷，询问大家对本次会议的反馈，例如，询问大家认为第三季度的方向和重点是否清晰、感受到多大的动力、信心指数等。当天晚上，张志邀请 10 位直接下属聚餐，为下个季度的工作打气。

7 月 12 日，张志专门腾出 1.5 小时时间，检查 10 位直接下属的 OKR，以及他们各自团队中骨干同事的 OKR。对于有问题的地方，在系统上进行评论。最后，他在 OKR 系统上，点开了自己的 OKR，查看对齐视图。看看是不是自己的 KR 都有专人负责，并了解了各团队之间的协同情况。在整个过程中，自己实时的 OKR 情况会在 OKR 系统上同步给上级和重要相关方。

从张志的 OKR 对齐案例中，我们看到进行 OKR 对齐可以有一对多和一对一两种形式。一对多会议适合 10 人以下团队，团队成员每个人轮流介绍自己的 OKR，团队负责人给予点评回应。如果人员规模增加到几十人，建议进行分组，或分层沟通。我曾经观摩过一个 40 人的业务团队长达 4 小时的 OKR 对齐会，耗时耗力，没有讨论，毫无生机。而对于新入职人员、还在探索方向的成员，或某些重点成员，如果觉得公开沟通不方便，可以使用一对一 OKR 对齐的方式，这样会比较深入。在实践中，大家可以灵活搭配和使用不同方式，只要能达到 OKR 对齐澄清、共识、承诺的标准即可。

OKR 对齐会，可以在上一个 OKR 周期末和下个 OKR 周期初完成，也可以与上个季度的复盘会一起召开。建议团队负责人先跟上级、重要相关方对齐，然后向下对齐。会议最好由团队负责人发起，确保大家参加。会前可以提前沟通，请大家写 OKR；会上带着每个人的 OKR 直接讨论；会后请直接下属向下传递，并进行书面检查。

为了鼓励创新、收集自下而上的想法，建议团队负责人先给直接下属方向，请直接下属独立思考后再进行讨论。会上也可以积极引导团队就某些共性问题进行讨论交流。会后，可以通过匿名问卷收集团队成员的反馈。有家软件公司有个内部约定：对于早期的开放问题，不能给封闭结论。例如，收到用户的需求或反馈，老年用户打不开产品界面，用"应该如何解决？"的开放句式引发讨论。在共创明确解决方案后，到执行阶段才进行封闭式对话，"执行细节要做成这样"。这样既能群策群力，也能发掘创新想法。

三、OKR 宣贯会

OKR 宣贯会或者全员会，是在 OKR 共创会或 OKR 对齐会之后进行的。目的是让公司全员对阶段性 OKR 有明确的了解，防止信息传递衰减。公司 CEO 可以通过线上或线下会议，逐个介绍公司的 OKR，向员工传递信息、鼓劲加油。

全员的 OKR 宣贯会，可以回顾上个季度 OKR 完成情况，分析原因，介绍下个季度的 OKR，也可以安排半小时到一小时进行问题回答和反馈。OKR 宣贯会有利于提高透明度，促进协同，推动各相关方为公司的共同目标努力。

也许有朋友会说，OKR 对齐要花这么多时间，成本太高了。的确，刚开始养成这种"对齐"的思维方式和工作习惯可能需要花一点时间。然而，"对齐"

会省去后面"跟踪"和目标执行环节的很多时间，因为越多人参与目标的制定，就有越多人对目标有承诺。理想汽车[1]认为，共创是因为业务"不是一两个聪明人想明白的，而是一群聪明人'跑出来'的"。地平线公司使用 OKR 之后，"战略从'名词'变成了一个'动词'，战略也有了更多责任人。当每个人都是 CPU，自然能成就强悍的组织力"。[2]

其实，一旦大家养成了"对齐"的习惯，就不需要完全拘泥于具体的动作和形式。可能同事们在公司食堂、茶水间碰到，几句话就把一件事情"对齐"了。

第三节　沟通 OKR 的四个准则

OKR 对齐涉及不同人之间的想法碰撞，涉及如何从多个想法统一为共识的想法。因此。OKR 对齐也是运用人际能力和领导力，进行互动的过程。这一节，我们来聊聊 OKR 对齐中的领导力。在 OKR 对齐中，需要表达清晰，澄清理解；需要站在对方角度想问题，换位思考；需要讲清楚 OKR 背后的意义，激励影响对方放下担忧、勇于挑战；有时还需要处理分歧，甚至化解冲突的智慧。

一、澄清理解

俊杰（化名）是一家科技公司的产品技术负责人。在刚刚过去的

---

[1]　资料来源：《创造移动的家，创造幸福的家——理想汽车 6 周年》。
[2]　资料来源：飞书 OKR 官网。

绩效评价中，他认为自己应该得到"优秀"，至少是"良好"，而上级刘岩（化名）给他的绩效评价是"合格"。其中一个原因是，刘岩认为他带领团队在产品 X 上投入了太多时间精力，而在公司战略重点产品 Y 上表现平平。

俊杰觉得很"冤"。但细想了一下，他发现之前的 OKR 对齐做得不好。如果更早领会刘岩的意图和重点，就不会在 X 产品上这么"使劲"。

又一个 OKR 周期开始了，这次他打算主动、认认真真找刘岩做一次一对一的 OKR 对齐。他回想了一下，之前的 OKR 对齐都是自己把 OKR 晒出来，刘岩看一下没问题就执行了。刘岩工作很忙，也经常出差，很多事情还是没有讨论清楚。

俊杰首先在系统上写出了自己初步设想的 4 个 O。分别是：

O1：做好产品技术研发工作

O2：深化 B 客户实验室合作

O3：更好地支持其他部门工作

O4：产品技术团队管理

每个 O 下面有对应的 KR。然后，他邀请刘岩在 OKR 系统上查看自己的 OKR 并给予评论。他还约了与刘岩的一对一线下会议。

这天，俊杰提前 10 分钟到了会议室，把自己的 OKR 投屏在会议室显示屏上。考虑到这个会议很重要，也有可能需要分享给自己团队的同事，他在征得刘岩同意后点击了"录屏"。

他首先介绍了自己的 4 个 O，以及为什么是这样排序的。然后停下来询问刘岩,"你认为这个排序对吗?"刘岩想了一下,说道:"下个周期,你可能需要调整一下这几个 O 的顺序。"俊杰稍微愣了一下。

"你原来 O1 的工作,产出的产品总体来说上轨道了,可以往后放一点。下半年,咱们公司的重点还是提升业绩,同时探索新的赛道,为上市做准备。我觉得,原来的 O3 应该往前一些,现在原有的产品做得还可以了,但是需要加强商业化,好好把产品的价值传递给销售、市场部门。而他们那边的同事对产品的卖点还不是特别熟悉,所以还需要你这边多给一些支持。也借这个机会,多了解客户方面的反馈,把产品打磨得更好一些。"俊杰边听边想:"原来我天天埋头干活,对最近很多公司层面的情况还不够了解。"

刘岩继续说:"B 客户实验室合作,也值得你多关注一下。我们几位高层结合行业现在的情况,认为这个新赛道很可能是公司的下一个增长点。最近几大政策利好,我们判断现在是大力投入的时机了。所以需要你们团队加大投入,抽调一些有创新精神的骨干,好好探索一下。这件事,应该放在 O2。"

"没问题,结合我了解到的一些信息,也同意这样的排序。"俊杰点点头。"如果是这样的几个 O:

"O1:做好产品技术部门对商业化的支持

"O2:深化 B 客户实验室合作

"O3:持续推进现有产品技术研发

"O4:产品技术团队管理

"你觉得，下个周期 O 的权重应当怎么样排？还有它们的重要程度和我们的投入度如何？"俊杰问道。

刘岩想了一下，说："O1 需要占 40%，O2 需要占 30%，O3 需要占 20%，O4 需要占 10%。"当前短期重点还是帮助销售，O2 也需要投入更多，后面两个相对常规了，不是你最需要发力的。"好的，明白。"俊杰回道。他不禁想："幸亏问了一下排序和权重，不然又不知道错到哪里了。"

刘岩接着说："你这 4 个 O 只写了做什么工作，要达成的目标你清楚吗？你看，上次绩效评价的时候，才发现咱们对做产品 X 的目的的理解存在偏差。本来公司的意图是，目前这个产品只要有就可以了，只是为了先占一个位置，暂时还不需要通过这个产品拼市场。"

俊杰清了清嗓子，说："我理解这 4 个 O 要达成的目标分别是这样的……"然后他给每个 O 加了后半句：

O1：做好产品技术部门对商业化的支持，拉动下半年销售

O2：深化 B 客户实验室合作，探索赛道的商业模式和创新点

O3：持续推进现有产品技术研发，维持正常运营

O4：通过产品技术团队管理，完善团队流程规范

"很好，这样咱们就明确了。你现在就直接在 OKR 系统上写下来吧，这样也方便你团队同事看。以后记得你的 O 里面也要加上后半句：到底是为了什么。不然，你团队那么多同事不清楚方向，很容易走偏的。"

"你再帮忙看看这些 KR 怎么样。我是这样思考的……"对齐完 O，

俊杰开始对齐 KR。他主要介绍了 O 做得好分别是什么样子，以及其中的关键任务。

"结合刚才 O 的排序，你可能还需要做点调整。例如，拉动下半年销售和深化 B 客户实验室合作这两个 O，既然更加重要，那么你的 KR 标准需要再提高一些。OKR 需要有点挑战性，你可以想一想做到什么程度会让你觉得虽然有点难但很兴奋？"俊杰一边听一边想："KR 必须对齐清楚啊，别到绩效评价的时候，又觉得我们达不到标准。"刘岩接着说："尤其是，你这几个 KR 里面有'优化、改善、合格、市场领先水平'，太模糊。作为合格的衡量方法，你看能不能把关键指标加上，或者附上专门的文档写一下。另外，你看看怎么理解这几个词，什么叫'落实一个合作点'，是签署了某一个协议，还是共同制定了下个阶段的规划？"

他们二人一边聊一边直接在系统上修改 OKR。刘岩看着会议室屏幕点了点头。

时间过得很快，1 小时的 OKR 对齐会很快结束了。走出会议室的俊杰舒了一口气，"虽然有点紧张，而且花了点时间，不过希望下个绩效周期的评价结果能让我开心一些。"想起之前跟刘岩在优先级和衡量方法上理解的不同，他还是觉得有点后怕。

在 OKR 对齐中，提升沟通有效性，澄清可能的误解，是第一关。从刚才的故事中，我们可以看到有以下要点。

①**沟通顺序**：先对齐 O，再对齐 KR。关注 O 背后的目标、优先级、权重，

以及 KR 中的衡量方法、关键任务和过程指标。

②**定义关键词**：尤其是"落地""落实""执行""支持""跑通"这类词，很可能不同的人理解的不一样。如果能形象化地呈现出最后产出的样子，例如画出产品雏形，找出其他相近的产出文案做例子，就尽量使用这种方法。我曾经看到一个搞笑漫画，客户心目中的蒙娜丽莎是一个样子，在销售人员心目中是一个样子，在产品研发人员心目中又是另一个样子。如果能尽早呈现出大家各自心目中的"蒙娜丽莎"，后面可能会少走很多弯路。

③**多种沟通方式结合**：结合文字（文档、OKR 系统）和口头沟通，过程中还可以边聊边在白板上画出来；线上线下相结合，利用线上工具，例如划词评论、录屏回放等功能，保留沟通记录；通过口头沟通，增加对背景信息和理解的了解。最后，口头和文字多重确认，减少误解。

④**提问、倾听、确认**：通过提问对方，了解对方的意思、理解，也可以邀请对方复述一遍。在倾听中，先不要急着做出"你这个不对啊""这个我试过不行"这样的回应，而是了解对方的意思到底是什么，对方为什么这样说、这样想，这样做可能会丰富原来的想法，最后再与对方确认。

前面的故事为大家展示了如何进行一对一 OKR 对齐时的"澄清理解"。在进行一对多 OKR 对齐时，为了帮助"澄清"，还有一个重要技巧是团队管理者要有意识地在会议中**让大家"开口"**，以确定双方的理解是不是一致的，以及是否有不同的声音。如果团队负责人一个劲儿提要求、派指标，团队成员全部"支持、执行""没问题"，而真实想法从来不提，开完大会后私下开小会吐槽，那么执行还是无法落地。

二、换位思考

丛蓉（化名）是某互联网大厂在中国总部的 HR，法语专业，工作 8 年。

公司今年开启了国际化的道路，加快了欧洲和北美地区的人员扩张、市场扩张。为了支持国际化战略，公司 HR 部门启动了相应的企业文化措施，鼓励多元兼容。为此，部门负责人决定邀请北美知名专家亚当（化名），给全公司同事做一期关于"多元兼容"的线上培训。这件事也是 HR 部门本周期 OKR 的内容之一。

乐丹（化名）是这件事的负责人。由于外部专家在北美，因此这个项目需要北美采购部门同事的支持，但乐丹写了很多封邮件都没有沟通到位。由于时差原因，在过去 2 个月中，有时候对方一周才回一封邮件，要不就是不回信。虽然乐丹之前在自己的 OKR 中提示了北美采购部门同事，但并没有进行更多沟通对齐，部门领导也顾不上此事。眼看还有 3 周要举办培训了，乐丹很着急，请求支持，丛蓉打算帮助她处理。

丛蓉查阅了所有往来邮件，发现乐丹在邮件中，主要传递的信息是：我们作为公司总部的 HR 部门要办一次培训，需要你们北美采购部门的支持。乐丹的英文表达行文正确，不过没有什么感染力，并没有考虑对方的感受。比如，北美采购部门的同事在忙些什么，为什么要支持我们？这件事对他们有什么意义，为什么要优先支持这件事情？他们加入公司时间有多久，对公司了解吗？他们个人有什么诉求？如果我是北美采购部门的同事，一个不认识的、自称是"总部"的人发来一封这样的邮件，可能也爱搭不理吧？再加上时差和语言障碍，不能像国内这样在即时通信软件上与同事直接沟通，效率较低。

学习法语的经历训练了丛蓉换位思考的能力，她下意识地把自己的角色换到了北美采购部门同事的身上。她总结了以下问题点：信任不足、对项目的意义不了解、时差和语言障碍，这些都提高了沟通难度。

当天晚上，丛蓉想着这个项目睡不着，索性起来写了一封英文邮件给北美采购部门的同事康纳（化名），并抄送给乐丹和部门领导。她是这样写的：

亲爱的康纳，

我是公司人力资源部的丛蓉，跟乐丹一个项目组。很高兴加入这个项目组，有机会与您合作。关于 3 周后的"多元兼容"线上培训，我想您可能还不是很了解，我在这里做个介绍。

考虑到业务长期方向，公司今年启动了国际化战略，在欧洲和北美地区进行人员和市场扩张。虽然我们公司看起来是一家中国公司，但是公司从成立之日起就立志要成为一家全球性的公司，为全世界的用户提供高品质服务。现在，我们有世界各地越来越多的同事加入。为了让不同地域、不同肤色、不同语言的同事们更好地合作，为用户提供有创意的产品，公司决定倡导"多元兼容"的企业文化。

为此，公司计划在 3 周后邀请北美知名专家亚当为全公司同事进行一次线上培训。考虑到各地同事的时差问题，我们将分两次进行，分别照顾到北美、欧洲、亚洲地区的同事。

亚当是全球知名的"多元兼容"领域专家，他的书被翻译成多种语言。他称赞我们公司能够前瞻性地把"多元兼容"作为公司企业文化的一部分。相信与亚当的合作也有助于提高我们公司在北美地区的声誉。

目前，我们已经与亚当就培训内容达成一致，进展顺利。希望您所在的北美采购部门给予项目支持，帮助本次培训能顺利进行。本次培训计划于 3 周后进行，目前时间很紧！

我在系统里参考了您的 OKR，了解到你们团队正在忙公司另一些重大项目的采购事宜。当然，这次的线上培训项目金额不大，可能不足以排到您团队的优先级前列。然而，这个项目在公司层面的覆盖面很广，对公司提倡的持续学习和企业文化也是有积极推动作用的，所以特别希望您能在时间资源不冲突的情况下，支持我们这个项目。

我在您的日历上，看到您明天下午 5 点（北京时间早上 8 点）有空。能否邀请您参加半小时的线上会议，我们探讨项目的具体事宜？

虽然有着时差的障碍，但希望这封邮件能推动这个项目的进展，让这次培训成为可能。期待您的回信！

您真诚的

丛蓉

很久没有用英文了，丛蓉反复检查了邮件，希望里面的英文措辞看起来不卑不亢又有感染力。发送邮件的时候，已经将近凌晨 4 点。没想到，康纳居然接受了会议邀请，还邀请了团队同事一起参加。

开视频会议的时候，金发碧眼的康纳称赞丛蓉的邮件写得非常职业。原来，康纳加入公司不到 3 个月，也经常碰到团队协作的问题。他觉得这种主题的培训"非常有必要"。

丛蓉一边聊天一边思考自己可以为对方做些什么。于是，她提到公司已经有一些线上培训资源，以及后续的培训计划。"我们也可以学习吗？"康纳问道。"当然可以！我们后面会把相关信息同步给你们。"丛蓉发现了对方的需求和可交换的价值点，非常开心，少了几分只让别人支持自己的"愧疚感"。

后面的事相信大家都猜到了。在这个 OKR 对齐案例中，丛蓉并没有以"总部人"自居，而是作为关系平等的同事，寻求对方的支持。她首先从公司战略高度介绍这个项目的背景、意义，并挖掘这个项目对对方个人的意义。更重要的是，她换位思考，查阅了对方的 OKR，了解和理解对方的优先级。同时找到可交换的价值点，不只是请对方支持自己，也主动思考可以为对方做些什么。还有一个小细节——约会议的时间宁愿自己时间较早，也先照顾到对方，体现了对对方的尊重。最后，北美同事被她有情有理、书写专业的邮件所打动，实现了这个 OKR 的对齐。丛蓉能够站在对方角度思考，理解对方的关注点、难处、担忧，是这个案例的关键点。

某互联网大厂的一位产品负责人告诉我，为了争取一个相关方团队对某个 OKR 的支持，她先后 3 次去对方所在的城市，一次又一次找负责人谈、找该团队的同事谈、找他们的相关方谈。围绕对方的诉求点，谈这个 OKR 的意义，一个个击破对方的顾虑。历时 2 个月，最后争取到合作。如果没有这位产品负责人的换位思考，不可能有相关方团队的配合和共识。

当组织越来越扁平，相关方越来越多时，很多时候不再是"凡事都通过上一级、靠岗位权力协调"，而是"平级、跨部门之间靠非职权影响力来协调"。OKR 提供了"用目标凝聚团队"的契机。站在对方的角度思考，就共同目标达成共识变得越来越重要。

三、激励影响

有欲望，才有目标

我曾经思考这个问题："目标来自哪里？"

常见的思路是，"目标来自差距。有差距，所以需要弥补。看到别人比我挣钱多，于是我就有了多挣钱的目标。"但细想一下，倒也不尽然。每个人都能找到比自己挣钱多的群体，为什么有人选择设定多挣钱的目标，而有人选择"躺平"呢？

查阅很多资料后，我比较认同的观点是，"目标来自**欲望**"。目标的表述，往往是"我想到哪里去""我希望实现什么"。这个表述必须有主语——人，必须有"想""希望"，然后才是"到哪里去""实现什么"。那么，在 OKR 对齐过程中，想要把组织的目标或者"我"的目标，变成对方的目标，就需要让对方"想"，让对方"希望"，对方才有发自内心的动力。

看到"激励"二字，很多朋友往往想到的是"加薪""奖金""升职"。OKR 鼓励不设上限、勇于挑战，建议从公司层面、制度设计上，让大家看到创造更大价值将与自己有什么关联，并给予物质激励。同时，在 OKR 对齐过程中，团队负责人、项目负责人也需要灵活运用各种非物质激励和人际影响力，激发对方对目标的驱动力。因此，找到对方的驱动因素进行"激励"是 OKR 对齐的第三大要点。

我们来看看在约翰·杜尔的《这就是 OKR》中，OKR 的发明者、英特尔前总裁安迪·格鲁夫是如何激励团队打赢销售战役的。

1978 年，英特尔公司 8086 处理器受到了摩托罗拉的巨大挑战。1979 年 11 月下旬，英特尔公司当时的总裁兼首席运营官安迪·格鲁夫制定了"粉碎行动"，要求"必须干掉摩托罗拉"，重新树立英特尔公司的行业领导者地位。"粉碎行动"的专门小组召开了为期 3 天的会议，讨论关键决策和行动计划，最后用 OKR 来沟通和传达。除了中高层会议对齐目标，安迪·格鲁夫还通过信件的方式向全体销售人员进行信息对齐。他在发给所有现场销售工程师的信中写道：

"粉碎行动"是我们所进行的最宏大、最重要的营销攻势：从我们的承诺来看，它是巨大的——这是公司的首要关键结果；从我们投入的人力来看，它也是巨大的——在接下来的 6 个月里，我们将投入超过 50 人年工作量的努力；它对英特尔公司的收入影响也很大——未来 3 年，公司将获得超过 1 亿美元的收入。

但是，"粉碎行动"之所以重要并不仅仅是因为其规模和业务影响。从战略上看，这次行动的成功将对我们的业务带来革命性的影响，并持续下去。……确立我们在计算机系统整体解决方案领域的地位。"粉碎行动"清晰地阐释了这一战略。

作为英特尔的销售工程师，你们将在确保这一行动的成功上发挥重大作用。我们需要你们在以下两个方面做出努力。

第一，销售我们的微型计算机解决方案。

第二，利用英特尔的所有资源做出最好的产品设计，率先制订行动计划，充分利用材料中提及的"粉碎行动"的资源。

在你们的帮助下，我确信"粉碎行动"必将成功，20 世纪 80 年代的英特尔也必将成功！"

"如果没有'粉碎行动'的成功，就没有后来的英特尔。"我们来看看安迪·格鲁夫在信中是如何激励团队为这个 OKR 努力的。

首先，格鲁夫强调了这个 OKR 的战略意义。"'粉碎行动'是我们所进行的最宏大、最重要的营销攻势。""这次行动的成功将对我们的业务带来革命性的影响，并持续下去。……确立我们在计算机系统整体解决方案领域的地位。"当团队成员了解到自己在一次战斗中打败一个敌人是为了一场战争的胜利努力，他们会更有方向感。

其次，信中强化了团队的"被需要"感。"作为英特尔的销售工程师，你们将在确保这一行动的成功上发挥重大作用。"当员工感受到"被需要"，而不只是公司机器中的螺丝钉时，他们会更容易被调动起来。

再次，信中非常明确大家需要为这个 OKR 做什么。"我们需要你们在以下两个方面做出努力。"

最后，格鲁夫号召鼓励大家，并传递了必胜的信心。"在你们的帮助下，我确信'粉碎行动'必将成功，20 世纪 80 年代的英特尔也必将成功！"

约翰·杜尔在书中写道："每当我想到'粉碎行动'时，我都无法相信我们赢了这场战役。"到 1986 年，英特尔 8086 重新占领了 16 位微处理器市场 85% 的份额。

人类需要意义感，这是人与动物的一个区别。在 OKR 对齐时，需要赋予工作意义感来激励团队为目标努力，做到上下同欲。

有激励，才能挑战

OKR 鼓励挑战，然而面对挑战，人们会恐惧、抗拒。因此，在 OKR 对齐过程中，激励对方迎接挑战，非常重要。

> 叶欣（化名）是某 SaaS 公司人力资源的负责人。疫情防控期间，她带领团队实现了他们不曾想过的招聘目标。在谈到有什么妙招的时候，她分享了在 OKR 对齐时的心路历程。
>
> "我们团队都是'95 后''00 后'的小哥哥、小姐姐，他们反权威、反管理意识非常强。我曾经用过压指标、派任务的方法，给他们设置有挑战性的 OKR，只要口气强硬了一些，就会被直接怼回来。他们会说：'老板，这个做不到。''老板，你不能不尊重我。'
>
> "那个时候，我非常郁闷。我们这类公司，招聘非常难，流动率高。业务要求我们，一个月内某团队要全部到岗。可是，这样的硬指标，我又不能硬生生地派给团队同事。怎么办？
>
> "正在那时候，我看到的一句话提醒了我，'知识工作者只能被激发，不能被管理'。回想一下，真正上前线干活的都是团队同事，我作为团队管理者只能分配资源、培养人员，但真正解决问题还是靠他们。

过去给他们压力并不管用，只会适得其反，让他们产生'逆反'情绪。

"激发，什么叫激发？我想了想，激发就是唤起对方由内而外的动力，一定要是从这个人内心深处迸发出来的。那么，他们内心在乎什么？一番思考后，我发现，他们更在乎'自己'。他们在乎'自己'有没有被看见，有没有得到成长，有没有做有意义的事情，有没有价值。于是，我开始改变沟通方式。

"OKR 对齐要从'为什么'开始，要设身处地思考对方为什么愿意做这件事，为什么要迎接挑战。于是我先问了问自己'为什么'要坚持这份工作。因为，只有自己认可的事情，讲给团队听才是最真诚、最有力的。

"OKR 对齐会的那天，我分享了'为什么我现在还留在公司'。结合之前高管会议上对这个行业的洞察，我整理了一些行业数据，给团队分析了相比海外成熟市场，中国市场前景非常大，未来几年还会保持增长势头。同时，把公司的核心价值和竞争优势介绍给团队，告诉他们我看好公司的未来。

"接下来，我告诉大家，前途光明，但眼前的这一仗需要打赢。我还分享给大家公司在招聘方面的缺口和对速度、质量的要求。告诉大家，过去已经打赢一些招聘的仗，现在只剩下最难招聘的岗位了。虽然大家都是工作不久的年轻人，但是从过去的经历中可以看到大家的毅力、智慧和拼劲，也能看到大家的成长。其实每个人都是在挑战中实现劳动力增值的。越是难啃的骨头，啃下来后自己增值的空间越大。

"行业内普遍的满编率是××%，咱们能不能再加 3 个点？想象一下，咱们要是做到了，该有多大的成就感？大家有什么思路想法？每个人都可以提一提。如果增加一些资源，增加实习生、抽调人手，咱们还能做到多少？如果大家为了攻坚加加班，满编率能不能再提一提？我有一个资深的招聘朋友，可以给大家做一次分享。大家有什么困难，看看需要我提供什么帮助。……

"在整个过程中，不断告诉团队，你们能行、你们向前冲，我来做坚强后盾，通过挑战性目标唤起团队同事的成就感。我平时非常有意识地观察和思考每位同事的优势，认可他们的优点，鼓励他们发掘自己的潜力，让他们不要低估自己。最后，同事们不但个个设定了有挑战性的 OKR，而且厉害的是专项攻坚也搞定了。绩效评价时，我给绩效好的同事升职调薪了。

"回想起来，'激励'是我的 OKR 对齐关键词。"叶欣这样总结。

四、化解冲突

在 OKR 对齐中，经常会出现团队想法不一致甚至产生冲突的情况。如果 OKR 无法对齐，大家方向不一致，团队很难合力做事。下面分享一个我们根据过往案例改编的故事。

OKR 教练钱晓（化名）刚刚协助处理了一起 OKR 对齐中的冲突。这是上海的一家名叫"格雷斯"的智能硬件创业公司，创始团队成员都来自国内一流高校，也有几位海归，都是理工科博士。然而，商业世界比实验室要复杂得多，他们的创业之路也并不总是一帆风顺。

需求来自公司的 HR（常驻上海），这是一位有着十几年经验的女士，同样有着与公司共存亡的热情。"公司有两位高管简直都快打起来了，"她这样向教练描述，"都是奔着做一番事业来的，怎么都这么'轴'呢？"

公司几个产品板块，目前 A 产品刚刚上市，正处在小规模市场验证阶段。B 产品还在研发期。研发部需要同时支持 A 产品和 B 产品。研发部团队在深圳，B 产品团队人员数量不多，常驻上海。

研发部负责人关桐（化名），"80 后"理工男，曾是家乡某年的高考状元，在国内本科毕业后出国拿到某常青藤大学的博士学位，是绝对的学霸。想要说服他，是相当不容易的。名校光环配上很强的能力，他能"看得上"的人也的确不多。

B 产品团队的负责人张理林（化名），是公司为数不多有商业背景的高管之一。"70 后"的他毕业于一所普通院校贸易专业，跟朋友一起创业十几年，在这个行业摸爬滚打，后来由于各种原因离开。几个月前，他经人介绍到了这个公司，他看好公司的前景，于是打算"为人生后半段职业生涯再努力一次"。他一手开启了 B 产品的规划方案，并有一些潜在的客户和公关资源。

有一天，张理林听到下属的吐槽：团队同事要给外部机构按时间期限提交一份资料，需要研发部的支持。研发部同事"已读不回"，无奈之下，只能请他出面协调。张理林在线上向关桐抱怨，请求支持，结果关桐也是有一句没一句地回复，电话打过去也不接。半天时间过去了，张理林才收到一句："我们部门正在攻坚，没工夫，你们的事稍后再说。"最后由 HR 出面帮忙协调才搞定。

再后来，二人的矛盾渐渐升级。关桐不善言辞，习惯打字说事，怎么想就怎么说。有一次，线上打字开启了"互怼"模式。张理林来一句"你不就一博士吗，外面的事你也不懂啊"，关桐回一个"你也没啥大不了，前面创业不也没成功吗"，分别戳中了对方的软肋。

下个季度的 OKR 马上开始了。张理林按照设想的进展，为 B 产品设置了 OKR。其中好几个 KR 需要得到研发部的支持，他在 OKR 系统上提示了关桐。

公司推行 OKR 才 2 个周期，HR 在 OKR 系统上发现张理林的 OKR 跟关桐的没有对齐好。于是 HR 为二人约了一个 OKR 对齐会，但两次都是关桐临时有事忙项目去了。另一边，张理林因为 B 产品研发进展不顺，私下跟 HR 表达过"动摇"的想法。

OKR 教练钱晓从这件事情中看到了一些问题。她认为，这个案例表面上是部门间的协同问题，背后却是公司层面 O 的优先级没有梳理清楚；再加上沟通受限，最终使冲突升级。

从人际关系角度，她指出了如下问题点。

- 关桐和张理林，背景不同，视角不同。一个是技术视角，一个是商业视角。但二人都是站在自己部门的角度看问题，没有站在公司层面看问题。

- 加入公司时间不同，共事时间不长，又身在两个城市，二人之间的信任还没有建立得很牢固。

- 只是线上文字沟通，容易带来信息缺失和误解。
- 从工作配合上升到对对方个人的"贴标签"、偏见，加剧了矛盾。

考虑到二人的问题已经上升到冲突层面，她建议邀请更高层级的人员介入。

7 月，公司有一个小的总结会，正好 CEO 和公司高管都会参加。HR 召集了 CEO 韩枫（化名）、关桐、张理林一起聊一聊。HR 特意选了一家西餐厅的包间，钱晓也作为外部顾问参加。为了协助这次 OKR 对齐，钱晓事先跟 CEO 进行了沟通。CEO 是一位"70 后"理工科留美硕士，曾在美国的知名企业工作过几年。虽然他很忙，但了解到这件事对公司的重大影响，他决定花时间参加。韩枫平时不喜欢干预下属的事，这次要直面下属之间的冲突，他的心里也有几分打怵。

7 月的上海骄阳似火，还好西餐厅的凉爽让参会的几人得以马上"静"下来。HR 简单开场后，把时间交给钱晓。

"早就听说咱们公司有这么多优秀的人才，今天很期待跟大家学习和交流。"钱晓微笑着说，并特意放慢了一些语速。她知道，这家公司的工作语速是普通对话的 1.5 倍。这是人在高压之下，快速、本能的反应，虽然能提高效率，但有时候也会让人无法深度思考。而对话和倾听，有时候是需要请大家"停"下来，"慢一点"才能打开"心"的。

"我希望各位带着'耳朵'和'心'来。在合适的时候，我会分别邀请大家分享自己的看法。"她拿过两个透明的玻璃杯，一个装满橙汁，一个装满鸡尾酒。"各位都是自己领域的行家，有着自己过去的经验、看法，就像这样，"说着她把这两个杯子的液体同时倒掉。"现在，能不能邀请各位，先把杯子清空？"

钱晓先问三位"为什么要加入格雷斯"。她想从"为什么开始"，寻找大家共同的热爱和想去的地方。

原来，CEO 韩枫从上学开始就在从事这类技术工作，后来在美国的企业里也从事相关领域的工作。回国后，他发现这个领域是"卡脖子"的赛道。"这么多年一直是外资的天下。其实我们自己的技术也不差，为什么不能有中国人自己的产品呢？"结合多年的技术积累，他和另一位创始人一起创立了这家公司。"我们有这么好的技术和研发团队，又有投资机构助力，我们这群人年富力强，必须干出点名堂来！"

研发部负责人关桐的"为什么开始"也比较类似，他也是从事了十多年的科研工作，近几年看到了商业路线的机会。"前面行业低谷都走过来了，现在必须更能坚持啊！"说起 A 产品的研发之路，他充满自豪感。"我们不能做低端产品，我们必须做高端的应用场景产品、做高门槛的事情，虽然很难。从实验室到量产，不容易啊！从综述、文献，到做基础的框架设计，投入很多时间。很不容易实验室环节搞定了，到了小规模生产，我发现我们的很多要求跟原来设想的不一样。我们做了很多轮验证，不断试错、修正，积累经验和教训。后面还有量产，也都是硬骨头，要一点一点啃下去。"

讲这些时，钱晓看到了他一扫之前的疲惫，眼中绽放光芒。听到他们介绍的这些，张理林也点了点头。他加入公司的时间不长，平时也不在一个城市，还真没有机会听他们讲这些初心和历史。

轮到张理林了，没想到他拿出一份打印好的资料，发给大家。他对 B 产品所属赛道进行了研究，并结合前些年的行业经验和近期对相关机构、合作伙伴的访谈，整理了 B 产品的优势、劣势、机会和威胁。原来，B 产品所在的赛道是一个非常细分的领域，有一定的市场规模，有每年固定的消耗品。他分析了客户方面的情况，介绍了 B 产品是如何针对目标客户的核心需求来定位的。

此外，这个领域国家管控非常严格。近几年低碳环保、产业升级的趋势，带来了不小的机会。进入这个领域必须拿到政府的相关资质。行业内的企业一共有上百家，目前成规模、拿到第一批"入场券"的企业已经有几家。他认为，格雷斯在这方面的技术优势非常明显，只要努力，非常有可能拿到第二批"入场券"。说到这里，张理林充满希望，总结道："我们必须按照时间点上这条船，否则以后机会就少了！"

听到这些，关桐从最开始的不耐烦，眼睛都不想抬，变成了能安静、专心地看着张理林。他发现，自己从来没有从这个角度思考过。即便是自己引以为傲的 A 产品，他也不知道除了格雷斯，国内有多少家竞争对手，客户的最核心需求到底是什么。

"这是一个非常好的角度啊，从外而内，从行业环境、国家政策、客户需求到我们自己。"钱晓特别总结了一下，因为她发现在格雷斯，大家谈得最多的是技术、研发，很少有人从外部看问题。"既然大家都是奔着做事业来，咱们就是一条船上的人。团结一致，努力对外才是关键。"通过强化共同点，她希望引导几位开启"善意假设"模式，求同存异，一致对外。

介绍完这些，钱晓邀请 CEO 韩枫讲讲公司未来几年的设想。"这个问题我们之前大致讨论过，希望在 5 年后公司能够上市。"虽然公司已经用了 2 个周期的 OKR，但其实从 5 年目标到 3 年目标、1 年目标的拆解，还没有落实。从公司 OKR 到各部门的 OKR 对齐，也还只是流于形式。格雷斯公司的管理，虽然有形式和流程，但仍保留着粗放和拖拉的风格。

考虑到这次主要是为了解决 OKR 对齐问题，钱晓没有在目标设定上花太多时间。只是大致请 CEO 介绍了到今年年底，公司要做到什么样子，包括 A 产品和 B 产品各自的进展。

这时候，张理林迫不及待地说话了："是啊，B 产品到年底要做成这样，现在已经 7 月了，还卡在技术这儿呢！关桐，你们部门不支持我们啊！"着急之下，关桐的吐槽模式开启了。"我们部门怎么不支持你们了，你们要的东西不都给你们了吗？你知道上个月我们部门有多忙吗？技术的活，你干一个试试。"……

"各位别急，先冷静一下。"钱晓给关桐递去一杯水。眼看着"互怼"模式又要开启，她必须干预一下了。"我们现在需要讨论的问题，是如何排定优先级。公司的资源只有这么多，在第三季度把什么放在前面，更有利于实现公司的年度目标，为上市目标打下基础，是今天咱们聊天的主要目的。这个问题解决好了，OKR 对齐才有基础。"

"为了今天能有好的结果，首先，需要请大家冷静下来。行业利好，竞争对手越来越多，我们每一步都需要走对了。各位都是高才生、成年人，相信大家有能力管理好自己的情绪。其次，不要急着下结论，先倾听对方的声音。我知道，你们之间可能已经形成了一些对对方的固有印象，可能是'贴标签'，可能是偏见。如果对方说了让你觉得不顺耳的话，先不急于反对、攻击，让对方讲完，看看有没有以往不了解的信息和跟自己不同的思路，想一想里面有没有哪怕 10% 是正确的。再次，我有个小小的请求。能不能把'我们部门''你们部门'这样的词语去掉，改成'咱们公司''我们'？三位都是公司管理团队的核心人物，公司的未来就依靠几位了。"

女士的加入和协调，让张理林和关桐的 OKR 对齐不再那么有火药味。的确，有研究表明，管理团队中性别的多元化有助于企业更好地进行决策和管理。

接下来，钱晓邀请三位男士分别分享他们对"下季度，公司资源优先放在哪里"这个话题的相关信息。CEO 韩枫介绍了公司资本和财务方面的情况，以及 A 产品的市场反馈，还介绍了对另一个产品 C 的设想。研发部负责人关桐介绍了团队人员的情况，支持不同产品的情况。张理林介绍了打探到的竞争对手在 B 产品所在赛道方面的投入情况。看来，A 产品当下重要紧急，而 B 产品长期重要。

"韩枫，你怎么看这个优先级？"收集了各方信息之后，钱晓邀请 CEO 进行决策。讨论之后悬而不决和一言堂同样对团队决策不利。

"我们还是 A 产品和 B 产品都必须实现里程碑。之前没有了解到 B 产品的这么多信息，在这方面的投入度不够。"听到这里，张理林放松了一下。关桐皱了皱眉头，不过他这时对于 B 产品不像之前那样抵触，而是有了更多的理解。他只是想到又多了活，有点挠头。"在公司级 OKR 设定和对齐方面，我们做得还很不够，这里有我的责任。我们从下个季度开始做好。"

"想象一下，如果到年底，咱们 A 产品和 B 产品的里程碑都实现了，会是什么样子？到时候是不是可以开一个全公司的庆祝会啦！"钱晓的话让大家开始憧憬目标实现的样子。三位男士的眼中充满了期待。

CEO 韩枫这时展现了领导者的担当，他承认，公司的确很难，需要大家一起想办法。然后分别请几位说说，有什么办法能兼顾到不同产品的研发诉求。之前钱晓辅导他的"会议引导技巧"，这时候终于派上了用场。而领导者在下属面前坦率承认难处、不足，让下属有"被需要"的感觉，这也是增强团队凝聚力的好方法。

后来，大家讨论了十个方法，包括：

- 研发部抽调两位专人，花 50% 的时间进行 B 产品的研发。
- 研发部总结过往经验，更快培养下属，让更多人独当一面。
- HR 帮研发部招聘几位兼职人员，处理流程化工作。
- B 产品团队与研发部一起，挑选最重要的环节去做，而非面面俱到。梳理清晰时间表，并整理出哪些必须自己做，哪些可以外包。
- B 产品团队争取找到一家关系不错的共创客户，把客户端的需求尽早地融入产品研发设计中。
- 形成公司内部产品进展的定期信息分享会，分享不同产品的信息，寻求可以整合和重复使用的事情。
- ……

钱晓问大家，为了实现目标，哪几个方法的贡献最大、投入最小、风险最低？大家找出来之后，钱晓请大家把那几个方法跟之前的 OKR 融合到一起，形成各自新的 OKR。

当然，还有一些小问题，例如某一个 KR 具体怎么做，这次并没有达成共识。钱晓请 HR 帮忙记下来，作为"停车场"问题，回去后再看看是不是需要尽快解决，或者能否先按照各自的想法运行一段时间。

走出餐厅，已经是傍晚。看着蓝天中的几丝白云，钱晓回想着 OKR 对齐会中的握手言欢，心中涌起满满的成就感。

在 OKR 对齐中，处理冲突、促成共识，有时候是必要的。从上面这个故事中，我们可以看到有以下要点。

- 求同存异。先找共同点，无论是共同的初心，还是共同的观点。故事中，OKR 教练先问三位男士为什么要加入这个公司，就是在寻找大家共同的热爱和想去的地方，在对齐大目标的前提下处理异议。如果暂时对齐不了 OKR，可以先对齐如何排优先级。可由长期目标到短期目标，由公司大目标到小目标，考虑优先级如何支撑目标的实现。对实在无法达成一致的非关键问题，可以保持一定的灵活度，多次沟通。故事末尾，他们将没有达成共识的地方，作为"停车场"问题留待稍后解决。

- 分享信息。对齐需要建立在广泛的信息之上。故事中，在讨论下季度公司的优先级之前，CEO 韩枫介绍了公司资本和财务方面情况、产品 A 的市场反馈，以及对产品 C 的设想。关桐介绍了研发部的人员、研发部对不同产品的支持。张理林介绍了竞争对手的情况。这些为达成优先级共识提供了基础。由外而内的视角，公司全局视角，有助于达成共识。故事中，在了解到市场的情况、长期方向后，各方站在公司角度达成了共识。

- 强化信任。复杂问题尽量通过线下沟通、线上视频会议解决，这样的形式有助于增加信任。故事中，HR 和 OKR 教练把这次 OKR 对齐会放在轻松的西餐厅环境里，就是很好的选择。此外，在正式讨论 OKR 之前，OKR 教练请三位男士先介绍自己与公司的渊源，分享个人经历，有利于彼此了解，强化信任。尤其是对远程团队来说，这种日常的了解可能稍显不足。

- 冷静倾听。带着空杯心态和同理心倾听，不立刻评判回应，是对话的基础。不同背景的人相互倾听是对齐的基础。有了这个基础，才能带来跨领域创新。在工作中，大家往往急于评判，听不进去对方的观点和信息。故事中，在正式讨论 OKR 之前，OKR 教练先拿出杯子做演示，请各方多关注倾听，这样做有利于 OKR 对齐。此外，面对冲突需要保持情绪稳定。在关桐和张理林有情绪时，OKR 教练的及时干预非常有必要。

- 对事不对人。关桐和张理林线上打字的"互怼"模式，就是从讨论事情转为人身攻击了，不利于 OKR 对齐。另外，使用"我们""咱们"这类词语，而非"我""你""我们部门""你们部门"，这种小小的改变可能带来意想不到的效果。

- 尽快决策。讨论后尽快决策，而非悬而不决。故事中，在收集了各方信息之后，OKR 教练邀请 CEO 进行下季度优先级的决策。决策人选可以是 OKR 的负责人，或更高级别的人，也可以邀请在这个话题上更有可信度的人。

在这一章，我们介绍了 OKR 对齐的形式、方法以及过程中所需的领导力。如果说 OKR 设定更多需要动"脑"，需要理性判断，那么 OKR 对齐则需要人际能力，需要获得人的"心"。

有位高管曾告诉我，工作多年后发现"事"的问题往往都可以解决，而"人"的问题总是错综复杂。如何让一群人虽然有不同的阵型，但可以朝着共同的方向前进？有时候真是"剪不断，理还乱"。

的确，人是复杂的。人有喜怒哀乐，也有恐惧担忧；人有理性，也有感性；人是固执的，也是易变的。人与人之间的对齐，也许是个世界难题。如果人人都能对齐，那么人们将没有争论，组织将不会破裂。当然，组织也可能缺乏创新、停滞不前。

没有放之四海皆准的一招制胜，本章的内容希望能给你的"武器库"里增加一些 OKR 对齐"武器"。如果你已经运用了"武器库"里面的各种"武器"，却发现"OKR 就是对不齐"，也许是因为你们想去的地方不同，也许是因为你们想去的地方相同只是想走不同的路。到最后，如果愿意继续共事，也可以参考亚马逊贝索斯的"不一致，仍实行"方法："如果你对某个方案信心满满，即便意见不一，对大家说'我知道我们意见不统一，但你们愿意陪我试一试吗？'即便大家对最终结果都没有十足的把握，但很可能会迅速同意你的观点。"

本章要点总结

+ OKR对齐的基础是平等对话。

+ OKR对齐的标准是澄清、共识、承诺。

+ OKR对齐会议有三种：共创会、对齐会、宣贯会。

+ OKR对齐过程中，除了需要动脑，还需要凝聚人心。澄清理解、换位思考、激励影响、化解冲突。

第七章

跟踪 OKR：
埋头拉车，莫忘
抬头看路

完成了周期初的 OKR 设定和对齐，在 OKR 周期中请不要忘记跟踪 OKR。否则，花了大力气思考和沟通的 OKR，还是只能挂在墙上、锁在抽屉里、存在文件夹里，无法转变成业绩结果。

我们先看看你所在的团队在 OKR 跟踪方面做得怎么样。请完成表 7-1 中的自测，在符合情况的描述后打"√"。

表 7-1　OKR 跟踪自测

描述	是否符合
只有年度、半年总结会议，中间没有跟踪	
周例会谈任务完成情况和下一步计划，不对照 OKR	
看着 OKR 完不成，把 OKR 里的挑战性调整低一些	
外部新来了需求，但跟周期初的 OKR 不一致就不能接	
调整了 OKR，没有通知相关方	
上次 OKR 周会在谈的事情没有落实行动	

下面，我们来聊一聊 OKR 跟踪。

第一节　坚持跟踪，真的值得吗

OKR 跟踪，就是在每一个 OKR 周期中，每周、双周、月度围绕 OKR 开会，定期监控进展以确保大家在正确的"轨道"上行进。

OKR 就像是开车时设定的目的地。我们在导航软件上先搜索、定位，然后规划路线。每到一个地方导航软件都会提醒我们走到哪里了，距离目的地还有多远，路况怎么样。我们也可以考虑是否需要更换路线。因此 OKR 跟踪就是通过导航软件，帮助我们知道前往目的地的路况。

《重新定义团队：谷歌如何工作》[①]中写道，谷歌曾经每周（有报道称现在改

---

① 博克. 重新定义团队：谷歌如何工作［M］. 宋伟，译. 北京：中信出版社，2015.

为每月）举行全员会议。会议由拉里和谢尔盖主持，他们会向全公司的员工通报过去一周公司的最新情况，展示产品，欢迎新员工。而最重要的是 30 分钟现场问答时间，每个人都可以提问。琐事、商业问题、技术类问题、道德相关问题等，都可以提出来。这个对话过程，可以不断强化公司的原则和文化。

相比设定、对齐和复盘 3 个动作，跟踪 OKR 的频率最高。虽然坚持很难，但跟踪 OKR 到底有哪些好处呢？

瞄准

对照 OKR，回顾进展。"跟踪 OKR 好比在修隧道时需要定期跳出来看一看，避免闷头一直钻，但走偏了。"一位 CEO 这样比喻。当我们忙于处理碎片化的信息时，很容易一头扎进项目细节，而 OKR 跟踪提醒我们抬头看路，"瞄准"当初设定的目标和结果。

习惯了开周会谈项目进展，比如"我上周做了什么""本周我计划做什么"，除此之外还需要跳出来想一想：这个季度的 OKR 是什么？要实现什么？我最近是不是在忙 OKR 上的事情？按照这样的速度，季度 OKR 能实现吗？需要再快一些吗？还需要寻求哪些支持吗？这样才能不偏离方向。

记录

一位企业家的经历和思考值得称赞。30 年来，他一直坚持每天写日记。每年 1 月 1 日会给自己写出个人年度目标和规划，放在新的日记本的第一页。这样写日记的时候，能经常对照年度目标，看一看是不是在做当初认为重要的事情。手机中的 App，详细记录了他过去 10 年几乎每一次的运动信息，如跑步、游泳、骑行、高尔夫……"有记录，才有信息；有信息，才能分析；有分析才能提高。经营企业也一样，连贯很重要，慢一点没关系，但不能不了了之，不能随意重来。"

有些 OKR 系统可以跟日报、周报相结合，记录下日常的工作，便于周期末OKR 复盘、结合数据进行分析，以及绩效评价。

看到自己被记录下来的 OKR 完成情况，回想自己实现挑战的过程，这本身也是一种激励。《驱动力》的作者丹尼尔·平克说："对个体来说，最大的激励因素是'在工作中取得进步'。人们取得进步的时候是他们感到最积极、最投入的时候。"

同步

《最重要的事，只有一件》[①]中谈到盖尔·马修斯博士的研究："你所写下的目标比未写下的目标的完成概率高出了 39.5%。那些把目标写下来，并且给朋友发送进度报告的人更有可能实现目标，这一比例高达 76.7%。"

公开 OKR 的完成情况，利用"同伴压力"督促 OKR 的负责人朝着目标努力，有助于 OKR 的实现。同步 OKR 的完成情况，还有利于保持公司和团队内外的透明度，便于协同。

应变

OKR 可以在完成过程中按需要灵活调整，以管理不确定性。这也体现了OKR 的"拒绝完美，先干起来"的精神，"边干边调整"，动态管理目标。

---

① 凯勒，帕帕森. 最重要的事，只有一件［M］. 张宝文，译. 北京：中信出版社，2015.

OKR 系统能即时保存调整后的 OKR，并提示和通知相关方，做到快速响应。

习惯

从推广 OKR 的第一个周期开始，就建议各个团队围绕 OKR 来开周会、双周会，帮助大家在日常会议中养成 OKR 的思维方式和工作习惯。OKR 系统好比跑步机，当你跑慢了、跑不动时，跑步机还是一如既往地运转，不需要耗费人力，却能有效帮助你固定跑步动作、坚持到底。

有家公司的 OKR 大使这样看待他们的失败案例：“我们之前没有 OKR 跟踪的动作，也没有用 SaaS 工具，结果没有做到可复制、持续做下去和优化。”如果缺乏了 OKR 跟踪的环节，等到周期末复盘，可能已经过去两三个月，也许大家已经忘记了 OKR 是怎么回事，非常可惜。

第二节　如何做好 OKR 跟踪

每家公司和团队可以根据业务发展的速度、变化频率、远程工作情况，来选择 OKR 跟踪会的召开频率。发展速度越快，变化速度越快，远程协同越多，跟踪会召开频率就可以越高；在项目攻坚时期，甚至可以加入每日站会。

帕特里克·兰西奥尼在畅销书《该死的会议：如何开会更高效》[1]中，把会议分为四种类型，如表 7-2 所示。

---

① 兰西奥尼. 该死的会议：如何开会更高效 [M]. 陈佳伟，译. 北京：中信出版社，2013.

表 7-2　四种会议类型

会议类型	内容	时长
每日报到会议	行政	5 ~ 10 分钟
每周战术会	战术	45 ~ 90 分钟
每月专题会	战略	2 ~ 4 小时
季度外出总结会	发展	1 ~ 2 天

结合这个分类和企业实践，每周、双周、月度 OKR 跟踪会更偏向"战术"，侧重点是同步信息，就实践中的具体战术问题进行讨论和应对。

商务专家大卫・珀尔在《会有甜甜圈吗？一次会议开启一场商业革命》[①] 中建议，用"会议的**产出**是……"句式，以终为始来设计会议。例如，产出可以是对某个事项达成共识、达成决策、带来新想法、明确日程、加强关系、找到答案、进行澄清、找到行动计划等。OKR 跟踪会的产出可以是：同步信息、进行澄清、加强关系、推进协同、找到并解决战术问题、找到行动计划。

OKR 跟踪会必须围绕本周期的 OKR 来展开。大家可以借助 OKR 系统和在线文档，提高会议效率。会前同步信息，会上更多时间用来讨论。线上和线下召开、参与会议都可以。

会前，由会议组织者（团队负责人或项目负责人）发出本次会议的 OKR 跟踪模板和时间地点，邀请团队成员在会前填写。最好是团队负责人和团队成员在会前填写好，并在文档上阅读、评论和回应。有些 OKR 系统中还有进展提示功能，例如填写进展后，还可以通过百分比、状态（尚未开始 / 低于预期 / 有风险 / 正常进展 / 延期 / 结束）、颜色来视觉化显示。

---

① David Pearl .Will There Be Donuts? Start a business revolution one meeting at a time. Harper Collins 2012.

OKR 跟踪模版可以参考表 7-3。

表 7-3　某团队第三季度 OKR 跟踪表

一、团队负责人的 OKR：

O1：

	目前进展	风险 / 所需支持	下周计划完成
KR1：			
KR2：			
KR3：			
KR4：			
KR5：			

O2 ~ O5：

	目前进展	风险 / 所需支持	下周计划完成
KR1：			
KR2：			
KR3：			
KR4：			
KR5：			

二、团队成员的 OKR

O1：

	目前进展	风险 / 所需支持	下周计划完成
KR1：			
KR2：			
KR3：			
KR4：			
KR5：			

O2 ～ O5：

	目前进展	风险 / 所需支持	下周计划完成
KR1：			
KR2：			
KR3：			
KR4：			
KR5：			

如果团队成员较多，这里也可以不用展示每位成员的 OKR，只挑选重要的、需要多人协作的、需要团队负责人或团队共同解决问题的、新增的 OKR 等。

还可以加入如表 7-4 所示的内容。

表 7-4　OKR 跟踪表续表

上次会议后续行动话题：
1.
2.
3.
"停车场"问题（暂时无法决策，后续再讨论和跟进的问题）：
1.
2.
3.

如果会前已经完成了阅读、评论和回应，那么会上就可以直接按照模版的顺序展开。先展示和讨论团队负责人的 OKR，每一个 O 和 KR 由相关团队同事介绍进展、风险、所需支持；再讨论团队成员的 OKR。有些团队会在会议开始后，用固定时间（例如 15 分钟）集体默读文档，完成阅读、评论和回应，然后再开始正式的会议。由于具体进展已经通过文字同步过，因此会上会进行更多的讨论、反思，共同讨论要解决的问题、相互支持等。

一位互联网大厂的团队负责人告诉我："以前围绕任务梳理进展，每个人都会谈很多细节，我需要有意识地辨别哪些是 OKR 上的重点，哪些不是。这就好比每个人带来很多信息，我需要分清楚，哪些是'大石头'，哪些是'小沙子'。而围绕 OKR 梳理进展后，每个人都很清楚，哪些是'大石头'，哪些是'小沙子'。我省力多了，团队也更明确重点了。"

OKR 跟踪会后，有必要明确后续的行动，无论是直接写在会议纪要上，还是在 OKR 系统或办公系统上记录下来，并提醒后续相关人员落实行动。由于 OKR 一般都有明确的 O 和 KR 的负责人，那么会上的后续优化行动可以提示（OKR 系统上往往有"@"功能）这些负责人和相关支持同事，由这些负责人去落实什么人在什么时间做什么、取得什么成果。有些大团队也可以安排专人，例如运营同事、项目管理办公室进行后续事项的跟进，对悬而未决的议题安排进一步的项目或会议，确保 OKR 跟踪会的产出能够真正落到实处。

在 OKR 跟踪过程中，你可能会忽略这样几个问题。

1. 调整和对齐。如果发现 OKR 设定有不合理的地方，或有了新的变化，例如客户需求变化了或者有新的更重要的工作，OKR 是可以调整的，但需要与相关方对齐一致（使用 OKR 系统的公司，需要在 OKR 系统上进行调整后及时提示相关方以通知对方，进行沟通）。但如果是由于 OKR 设定得太有挑战性，担心完成不了，那么不建议调整，而是保留记录作为下一次设定 OKR 的参考。

2. 对话反馈。OKR 跟踪会给团队提供更高频的沟通和辅导场景。无论是一对多，还是一对一的对话、反馈，都是 OKR 跟踪所需要的。安迪·格鲁夫认为，定期的一对一会议是管理者的"高杠杆"动作。[①] "你花 90 分钟不仅能提升这个下属接下来两周——也许超过 80 小时的工作品质，还能增进你对他工作的了解。" OKR 系统除了记录工作情况，也可以记录"人"的一些信息。例如，某 OKR 系统上有一个功能，能够记录团队成员最近的信心指数。如果一位团队管理者发现有位同事一直不开心，就可以找他聊一聊。

3. 认可。大家可能已经习惯了"干得好是应该的，干得不好是不行的，干得失败是不能容忍的"。如果做到 90 分，第一反应是"还有 10 分为什么没有做到"，而忘记做到 90 分也是需要认可和肯定的。某科技公司的研发负责人、一位严谨认真的资深专家告诉我："干完这个项目，我可能就会离开了。我最无法接受 CEO 的一句话是：'你们部门那点事有什么难的！'"在 OKR 跟踪过程中，也许多一些认可的眼神，多一声赞许，就可以降低核心员工的离职率。有研究表明，持续性的认可是提高参与度的一个强有力的驱动因素："尽管看起来很容易，但一句简单的'谢谢你'对于打造一支高参与度的队伍却有意想不到的效果。那些对员工认可度高的公司的员工自愿离职率比对员工认可度低的公司低31%。"[②] 也可以使用 OKR 系统中的"送花""点赞"等小功能，增加工作中的"微认可"。

4. 庆祝。既然 OKR 鼓励设定有挑战性的目标，那么每周或每两周看到大家的进展，也可以定期庆祝。哪怕只是聚个餐、唱个歌，都可以即时给团队"打鸡血"，鼓励大家继续为了应对挑战而努力。《重新定义团队：谷歌如何工作》

---

① 格鲁夫. 格鲁夫给经理人的第一课［M］. 巫宗融，译. 北京：中信出版社，2007.

② 出自《这就是 OKR》。

中写到了谷歌如何奖励员工："不要用金钱庆祝，要用行动庆祝。""很少有人回顾人生时会只看到一张张薪水单。他们会记住一些谈话、一些午餐，与同事和朋友共同经历的一些事件。相信员工，给他们自由去赞许彼此。可以是点赞，也可以是赞誉之词，还可以是一些小额的奖励。将当地咖啡店的一张礼品卡或一瓶红酒赠予员工家属，感谢他们理解员工深夜加班工作。给员工关怀彼此的自由。"

OKR 跟踪频率高，每一两周就会围绕 OKR 开一次会。因此，只要坚持做好 OKR 跟踪，你和团队就会在一轮一轮的跟踪中，潜移默化地形成 OKR 的思维方式。这样，员工使用 OKR 就会越来越容易了。

本章要点总结

+ OKR跟踪的作用：瞄准、记录、同步、应变、习惯。
+ OKR跟踪会议的产出，可以是同步信息、进行澄清、加强关系、推进协同、找到并解决战术问题、找到行动计划。
+ 会议前给模板、填信息；会上先讨论上一级OKR，再讨论下一级的OKR；会后行动。
+ 跟踪中可调整但需要对齐，不可忽略对话、反馈、认可和庆祝。

第八章

复盘 OKR：复制
成功、拒绝再错

跟踪几轮 OKR 之后，我们来到了 OKR 的周期末。这时候还有一个重要的动作，OKR 复盘。我们发现，各个团队的 OKR 复盘水平也是参差不齐的。可以先通过表 8-1 的自测看看你所在的团队在 OKR 复盘方面做得怎么样。

表 8-1　OKR 复盘自测

描述	是否符合
OKR 总是设定得太高，完不成就完不成了	
OKR 得分总在 0.8 分以上，完不成的工作下次就不放在 OKR 中	
复盘会上轮流汇报念稿，单向沟通多，互动讨论少	
问题讨论没效果，原地打转无提升	
上次会议谈的事情没有落实行动	
少数人发言，其他人沉默	
主要盯着不足，完不成就追责甩锅	

这一章，我们来聊聊 OKR 复盘。

第一节　OKR 复盘，为什么重要

复盘的概念，来源于围棋。每次棋局结束以后，双方棋手把刚才的对局再重复一遍。找出双方攻守的漏洞，以检查对局中招法的优劣与得失，提升水平。复盘的三个关键词是亲身经历、过去、学习，意思是从自己过去的亲身经历中学习。[①]孔子说的"吾日三省吾身"，也是"复盘"。

美国陆军采取行动后回顾（After Action Review，AAR），通过及时回顾让士兵自己发现发生了什么，为什么发生，以及如何保持优势、改进不足。旭辉地产等企业也能把握会议的作用，利用回顾会、复盘会推进 OKR 落地。

OKR 复盘有助于快速学习和快速迭代。

---

① 邱昭良. 复盘 +：把经验转化为能力［M］. 北京：机械工业出版社，2018.

学习

人们往往假设努力就一定会带来好的结果，其实不然。成功的道路往往并非一条直线，而是一条曲线甚至充满挫折、反复。如何能从曲线、挫折、反复中有所学习，找到"走出来"甚至"走到上升曲线"的关键点，就是复盘的意义。

邱昭良老师在《复盘+：把经验转化为能力》中，介绍了联想的绩效与学习矩阵。依据绩效好坏和学习效果好坏这两个维度，他把成功和失败分为四个类型："期望的成功，绩效好，学习效果也好；无意义的成功，绩效好，但学习效果差；有意义的失败，绩效差，但学习效果好；彻底的失败，绩效差，学习效果也差。"当绩效好时，如果学习效果也好，可以找到"可复制的成功"，提高下次成功的可能性，这是最理想的。当绩效好时，如果没有很好的学习效果，可能是"不经意"就成功了，下次还只能继续尝试，但能不能再成功看运气。当绩效不好时，如果能从中有所学习，找到"被验证行不通的路"，那也是"有意义的失败"。最差的就是，失败了却又不知道为什么失败，一错再错，交了学费却没有学到本领。

在培训课程中，我们经常会设计小组竞赛的环节，课上表现好、积极回答问题的小组可以得分，课程结束时得分最高的小组获胜。我们发现，凡是进行过中期复盘的班级，几乎所有小组在下半场都会更加积极地参与，得分情况要比复盘前更好。在有复盘动作的班级中，如果只是把得分进行公示，后续得分情况会有所增加，但增长幅度不高；然而，如果在公示得分的同时，带领大家思考各小组得分情况、找出原因，得分情况会直线上升。这种现象非常有趣，屡试不爽。这就是复盘带来的学习，帮助小组提升绩效。

通过 OKR 复盘，工作中的知识快速得到提炼和沉淀，团队能力也可以得到提升，比正式培训的学习效果更好。

迭代

在培训课程复盘中，各小组进行得分分析、找原因之后，必须寻找改进方法，后续绩效才能提升。这就是迭代。

OKR 提倡在设定时，不必追求完美，而是通过一次次复盘，不断回顾目标，根据需要进行调整、迭代。因此，在复盘时，进行反思学习之后，需要想想下一个周期的 OKR 如何设定得更合理。

例如，过去半年团队尝试了一个业务方向的探索。半年复盘时，团队通过认真严谨的分析，发现这个业务方向有前景，但目前市场不是很成熟，暂时不适合大力投入。那么下半年设定 OKR 时，就可能减少在这个业务方向上的投入。

例如，上个周期的 OKR 得分只有 0.3 分，反思发现是当时把事情想得太简单了，越做越能发现里面的难点，OKR 设定得太高，那么下个周期设定这类工作的 OKR 时，可以适当调低。反之，如果曾经某类工作的 OKR 得分在 0.8 分以上，复盘时发现当时太保守，自己能力其实没问题，那么下次可以提高这类工作的 OKR 的挑战性。

久而久之，OKR 的设定就会越来越合理，决策的有效性也就这样提高了。

第二节　做好 OKR 复盘，避免踩坑

一、OKR 复盘三步法

OKR 复盘包括评估、反思、优化三个步骤，如图 8-1 所示。

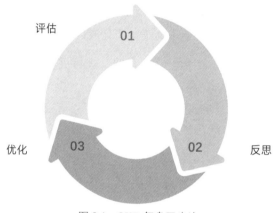

图 8-1　OKR 复盘三步法

1. 评估

提起"评估"，大家往往会与"绩效考核""发奖金""惩罚"联系起来。因此，不少公司的 OKR 表格上，都会有"评分"一项。大家一看到这一栏，往往就紧张起来。然而回到 OKR 的本意，既然前面提到不建议把 OKR 完成度作为考核的直接依据，而是把 OKR 作为帮助大家激发潜能、管理过程、达成绩效的工具，那么 OKR 评估更多的是对照目标，起到提醒、公示的作用，同时为第二步反思做好输入。

OKR 评估，就是在 OKR 周期结束时，写下当期的完成情况，同时给自己

打分。因此，OKR 评估是 OKR 的负责人自己评分，而不是上级评分。这个评分既可以结合客观的数据、信息，也可以有主观的判断。其目的不是考核，而是回顾、反思、改进。谷歌前商业运营高级副总裁夏娜·布朗说："评估的目的不是区别目标结果落在红色、黄色还是绿色区域里，而是通过这种评估让他们看到，他们所做的一切如何与公司的总体目标相联系。毕竟，目标和关键结果是为了让每个人都做正确的事情。"①

可以按照 0 ~ 1 分为 OKR 打分，如表 8-2 所示。

表 8-2　OKR 评分表

分值	含义
1 分	100% 达成
0.7 分	完成度较高
0.3 分	完成度较低
0 分	没有任何进展

OKR 系统上往往有评分功能，有的系统会根据 KR 的得分和权重，自动计算出 OKR 的评分；有的 OKR 系统有颜色提醒，例如绿灯表示顺利，红色表示预警。如果最初设定的 OKR 的挑战性较为合理，过程中团队也足够努力，那么 0.6 ~ 0.7 分是一个更大概率的情况；如果评分总是 0.8 分以上，有可能是 OKR 设定得不够有挑战性，低估了团队的潜力；如果评分总是较低，有可能是 OKR 设定得过高，或设定时过于乐观。

需要特别提醒的是，重要的并不是 OKR 得分本身，而是由此带来的思考。因此，不需要因自己的 OKR 评分偏低，觉得没有面子，下次不敢设定有挑战性

---

① 出自《就是 OKR》。

的 OKR。曾有家地产公司在推广 OKR 时发现，最开始复盘时，大家的 OKR 评分都是 0.6 ~ 0.7 分，然而时间一长 OKR 评分慢慢都变成了 0.9 ~ 1 分，回到了以前的老路上，OKR 自然也就毫无挑战性可言。这时，需要 OKR 大使和公司领导者及时提醒大家，回归设定 OKR 的本意。

2. 反思

既然 OKR 复盘以迭代、学习为导向，那么由评估进展带来的反思，是更加重要的。OKR 复盘就好比是学生时代的"错题本"，列出题目，总结错误原因，整理这类题型的解法。这样下次碰到这类题型，就知道该如何应对了。

刘润公众号的一篇文章《年中了，如何高效复盘》写道："一个人会在同一个地方被绊倒两次吗？大部分人可能都会下意识地说，这不可能。但是当你再细想一番，你会发现真正的答案是，完全有可能，而且还可能是两次以上。俗称不撞南墙，不回头。"通过反思，下次避坑，这尤为重要。

表 8-3 列出了一些可以反思的教练问题。

表 8-3　OKR 复盘反思方面的教练问题

关注方向	教练问题
关注"事"	为了实现 OKR，我们是如何做的？策略、方法、步骤是什么？
	OKR 设定合理吗？需要调整吗？衡量方法对吗？
	实现 OKR 的任务，是不是最高效的？
	前提假设对吗？哪些被验证了，哪些被推翻了？
	做得好的地方有哪些？成功的原因有哪些？
	不足、障碍有哪些？不足、失败的原因是什么？
	最关键的成功和失败因素是什么？
	发现了哪些需要解决的问题、潜在风险？
	如果重来一次，会如何做？

（续表）

关注方向	教练问题
关注"人"	人员的投入度、信心水平如何？
	角色分工合理吗？
	能力匹配吗？还需要补充、提升哪些？
	取得了阶段性成功，需要庆祝一下吗？

在上述问题中，挖掘设定 OKR 时的前提假设是非常有意义的。例如，设定了 1000 万元的销售目标，然而只完成了 100 万元，是不是可以思考，当初为什么敢设定 1000 万元的销售目标？当时假设的客户需求如何，市场环境如何，竞争对手如何，我们的产品如何满足客户的需求？现在看来，当时哪些假设是可靠的，哪些被证明"不靠谱"？

分析成功和失败的原因时，需要区分哪些是客观原因，哪些是主观原因，哪些是外在原因，哪些是内在原因。从中找到关键的成功因素，下次复制，做得更好；找到关键的、内在的失败因素，想办法下次不再犯。如果时间有限，可以只问这一个问题："如果重来一次，会如何做？"或者"如果下次做，会如何做？"这个问题的回答可以包含很多内容。

此外，与"人"有关的问题，很容易被忽略。既然 OKR 强调挑战，那么过程中如何不断给大家打气，帮助大家实现挑战性目标就非常重要。

3. 优化

一位 CEO 告诉我："做任何一件事情，只要给时间，持续复盘优化，你一定会比别人做得更好。"因此，评估和反思之后的优化才是落脚点。表 8-4 列出了一些优化方面的教练问题。

表 8-4　OKR 复盘优化方面的教练问题

教练问题
后续做哪些事情？开始 / 停止 / 继续做什么？
如何复制成功？如何避免再犯同样错误？
学到的方法、经验教训如何进行知识沉淀，并分享和推广？
有哪些可以建立或优化的操作流程？
哪些需要与其他相关方沟通、汇报？
还需要哪些支持？
谁来做？截止日期是什么 时候？要取得怎样的结果？

评估、反思、优化，这三步看着并不难。下面我们来看看具体实践情况。

二、OKR 复盘常见问题

7 月 5 日，在一家五星级酒店的会议室，一家生物科技公司正在举办半年复盘会议。

这家公司成立于十几年前。公司的研发能力不错，是国内这个细分领域的佼佼者，很早就成为世界 500 强企业 X 公司的合作伙伴。公司的产品经过"贴牌"面向海外客户。几年前，公司被国内一家化工集团收购。基于集团的战略要求和当前"国产化"的势头，公司今年开辟了国内市场，一方面保持跟 X 公司的合作，一方面开始打造自己的品牌、建立自己的国内销售渠道。

会议日程安排是一天。研发、生产、销售、品牌、职能等各个部门负责人和骨干人员，依次汇报上半年工作情况。公司每年主要召开两个会议，年底 / 初总结和动员会、年中复盘会，没有其他复盘会议。前些年的复盘会和总结动员会都只是各部门负责人述职，后来各部门负责人反馈很多具体工作自己还不是很了解，于是今年的两个会议改成了邀请各部门骨干也一起汇报。这次会议的参会人员有 40 余人。

今年年初公司制定了公司目标，CEO 和各部门负责人分别写了 OKR，不过后面好像就再没有人提起。

每位主讲人上台，行政同事都会把他们的汇报文件投在大屏幕上。有的主讲人用三四页 Word，有的主讲人用 10 页 PPT，有的主讲人直接用一张 Excel 表格。这些汇报文件基本上都会涉及以下几项内容。

- 上半年工作总结。例如，研发部做了哪些研发方面的工作，生产部生产了多少批次的产品，销售部成交了哪些大客户，拜访了多少家渠道伙伴，市场部举办了多少场推广活动，人力资源部举办了几场培训和团建，法务部审核了多少份合同。
- 总结原因。业绩好的说感谢公司领导和团队同事支持，业绩不好的说外部市场环境不好。
- 困难和支持。销售部说需要研发部支持，多给讲讲产品的知识；还需要市场部的支持，多做点推广活动；研发部和生产部说时间紧任务重，能不能多招点人。
- 下半年工作计划。研发部会继续开发新产品，生产部会继续接单保质保量，销售部会继续跑市场拉渠道，打算办几场活动、写公众号文章等。

按计划每人汇报 15 ~ 20 分钟，结果没有一位能收得住。原计划下午 5 点结束的会议，到晚上 6 点半才结束。上台发言的每个人都把自己的工作亮点大说特说，并表示困难挑战也不小，落脚点还是希望公司和其他部门多多配合支持。

最后轮到 CEO 的总结发言了。"今天我的发言可能有点长，大家都知道我特别爱说话。今天的汇报，我主要谈谈以下问题。"接着，CEO 指出了一些部门在工作中的疏漏、不足，对于过程中的成绩、创新点避而不谈。"要是这样下去，我们的国内市场还怎么打？"讲到这里，CEO 的音量又拔高了一级，会议室的空气都凝固了。

晚上 8 点，CEO 讲完了。所有人默默地离开会议室。

我们来看看，这样一个 OKR 复盘会里有哪些令人遗憾的地方：

- 没有对照 OKR 回顾进展（当然，这个案例中也没有 OKR 对齐），也没有后续改进措施。

- 在转型中，复盘频率过低，不利于任务跟进和快速调整。

- 参与汇报人员过多，管理者不了解一线情况，也没有在会议之前进行小团队的复盘。偏基层的同事汇报往往更加具体，因此很容易让会议从"一级目录""二级目录"的问题，进入"三级目录""四级目录"的问题，陷入具体问题后出不来，拉长会议时间。汇报格式不统一，该有的要点没有，重点不突出。单向念稿浪费时间，缺乏就值得讨论的问题进行的交流。超时发言，同样拉长了会议时间。

- 缺乏平等对话、学习的氛围，倾向追责、推卸责任。对失败原因挖掘不足，更多谈外在原因，较少挖掘内在原因。对做得好的地方避而不谈，殊不知，在转型过程中更需要鼓劲，总结成功方法。

我们发现，OKR 复盘会容易有如下常见问题。

- 组织不力：会议组织方面的效率不够高，会议过程容易像流水账或面面俱到，颗粒度太粗或太细；会议冗长无趣。

- 深度不够：会议流于形式，浮于表面，多是为了刷存在感、争取支持而发言，不聚焦解决真正的问题，忽视根本原因的挖掘。

- 参与不足：没有营造出对话和学习的氛围，少数人主导发言，多数人保持沉默；开完大会开小会，表面风平浪静，实则暗流涌动。

- 行动不畅：会议开完就完了，没有后续的改进优化；成功不知原因，或者重复犯错。

第三节　应对无效复盘，有哪些对策

围绕上一节谈到的 OKR 复盘会常见问题，我们建议在复盘时可以采取以下四大对策：高效组织、深度思考、引导参与、优化行动。

一、高效组织

结合第七章提到的帕特里克·兰西奥尼的四种会议类型，OKR 复盘会的意义偏向于"战略"和"发展"。产出可以是：达成共识、达成决策、带来新想法、解决战略问题、强化使命愿景、深化企业文化。这类 OKR 复盘会的关键，是找到重要"问题"（议题、要解决的问题）、深度讨论、明确方向、及时决策。

D 公司是一家专业的信息技术服务企业。目前为多个国内一线互联网厂商提供人力资源外包、项目外包服务；为海外知名 IT 厂家提供软件测试及产品质量管理项目及咨询服务。该公司创始人和核心管理团队在服务外包领域曾有傲人的历史，他们对公司成长的整个周期，公司管理的整体发展及思路，有着不同一般的独到见解。

近年来，随着国际关系大环境的变迁和国内产业的升级，公司正在积极进行业务转型、开拓国内市场，将以往服务国外客户积累的行业经验应用于服务国内客户。

同时，公司管理层有老年化的倾向，公司正在主动采取措施，大胆起用新人，为公司未来的长期高质量发展培养更年轻梯队，努力将公司管理层的经验智慧和年轻团队的创业激情进行有机结合。

D 公司在 OKR 复盘会的过程设计上非常用心。公司认为，OKR 复盘会是一个非常好的自下而上收集想法、激发业务团队主观能动性的契机。

在 7 月公司年中 OKR 复盘会的准备过程中，公司提前一个月安排各区域业务中心提交复盘内容。公司管理层查阅后，给出反馈，并与各区域业务中心负责人进行一对一交流；各区域业务中心负责人根据公司反馈补充收集信息，修改会议材料。同时，公司从各区域业务中心提交上来的议题中，筛选出关键议题，设计 OKR 复盘会议程。

然后，设计出为期 3 天的 OKR 复盘会议程：为期 2 天的各区域业务中心专题会（讨论式），由各区域业务中心负责人和公司高层参与，相关的其他业务中心负责人旁听；0.5 天的集中会议（单向沟通为主），公司高层总结发言、明确下半年的发展方向；0.5 天的集中培训（互动式），就共同需要提升的知识能力，邀请外部讲师进行培训。

会议后一周，首席运营官牵头就会议中达成共识的事项，进行后续跟进；并就未能达成共识的事项，安排后续专项会议。

其中，在关键议题的筛选方面，高管团队进行了很多思考。

- 有一位业务中心的市场人员，最初展示了同行业大公司、上市公司的财报分析；销售过程中，A 行业大客户的进展。高管团队提出这样一些问题：一是内容太宏观。我们公司规模不大，能不能对标 2 ~ 3 家在当地、行业内细分赛道中做得好的竞品公司，研究策略、客户，探讨我们的优劣势、打入市场的方法？二是深入挖掘。能不能具体说说，客户的痛点需求、我们的能力、赢单机会有多大、项目规模多大？需要什么支持？为什么看好 A 行业？还有哪些类似行业有机会？三是新话题。能不能分享相关性比较高的友商的经验？

- 有一位海外业务负责人反馈，国际形势不如以前，所以丢单时有发生；跨国公司客户 CEO 把很多业务调整到其他地区。高管团队提问：国际形势不好，所以海外客户都不跟我们合作？我们的业务需要对方 CEO 审批吗？客户组织架构调整，我们及时了解和应对了吗？我们可以做些什么？

- 某稳定业务负责人，最初这样汇报："×× 类项目持续交付，得到客户认可。"高管团队提出这样一些问题：客户认为我们的优势到底有哪些？这是不是我们的核心竞争力？"护城河"如何可以更宽？即使是成熟业务的老客户，如何不断提升他们的满意度？我们这类项目很稳定，那么可能的风险是什么？例如人员敬业度怎么样？成长如何？

最后，公司挑选和提炼出下列问题，作为复盘会议讨论的议题。

- 新建的业务中心如何快速谈下新客户？
- 现有项目，如何拓宽"护城河"？
- 如何留住海外客户？
- 如何发掘老客户的新项目机会？
- 对于成熟的项目人员，如何激活和培养？
- 对存在高度竞争关系的友商的了解和分析。

公司高管团队认为，鉴别筛选关键问题，并做出合适的应对非常重要。有些"问题"不是"问题"，可能是借口；有些"问题"下属认为不是"问题"，但客户认为是"问题"；有些"问题"下属认为是"问题"，但客户认为不是"问题"；有些"问题"是"问题"，但不可控，讨论没有用；有些"问题"是"问题"，但问题太大，需要切分成更小的议题进行讨论；有些"问题"是"问题"，但不是当下最重要的，在几年后讨论更适合；有些"问题"是"问题"，但不需要讨论，听上级的更高效；有些"问题"是"问题"，但下属能力不匹配，需要过一段时间再解决……CEO 告诉我："很多人往往把管理当作一种静态的动作。其实管理是动态的，**OKR 复盘就是把握好此时此刻该做什么**。"

"大家其实不喜欢开会。但面对面会议是非常重要的管理场景。会议能否成功，不在于开会那几天，而在于怎么**准备**。没有准备好，不知道讲什么、听什么，随便讨论，不会有好结果。""在一次次复盘中，在问题讨论中，团队就慢慢成长起来，形成带有公司文化的思考和解决问题的特定风格。领导不在的时候，下属做的决定会越来越像领导的决定，领导也就越来越轻松了。慢慢地，中层干部就可以被委以重任。"

在这次 OKR 复盘会后，大家对会议的评价是"准时结束，一点不觉得浪费时间；该讨论的都讨论了"。相比流水账式的"复盘会"，D 公司的做法值得借鉴。此外，邀请外部顾问引导 OKR 复盘会，营造开放和安全的氛围，对寻找关键问题的根本原因和解决办法，也是很好的选择。

二、深度思考

下面介绍几个在 OKR 复盘时可以帮助大家深度思考的方法，包括：5WHY 分析法、相关分析，还有一句简单但有用的"所以呢"。

1. 5WHY 分析法

5WHY 分析法，又称"5 问法"，也就是对一个问题点连续询问 5 个"为什么"，找到根本原因。有这样一个经典案例：丰田汽车公司前副社长大野耐一，运用 5WHY 分析法找到了工厂设备停机的根本原因。一次，他在生产线上发现机器总是停转，虽然修过多次，但仍不见好转。于是他询问工人机器停机的原因，就出现了下面的问答对话。

问题一：为什么机器停了？

答案一：因为机器超载，保险丝烧断了。

问题二：为什么机器会超载？

答案二：因为轴承的润滑不足。

问题三：为什么轴承会润滑不足？

答案三：因为润滑泵失灵了。

问题四：为什么润滑泵会失灵？

答案四：因为它的轮轴耗损了。

问题五：为什么润滑泵的轮轴会耗损？

答案五：因为杂质跑到里面去了。

经过连续 5 次不停地问"为什么"，才找到问题真正的解决办法，就是在润滑泵上加装滤网。我们可以想象到，如果解决问题时只停留在前面一步的问题上，得到的解决办法一定不能从根本上解决问题，例如换一根保险丝，但有可能下次还会出现机器停转的情况。

在使用 5WHY 分析法的时候，需要注意：要围绕解决问题的方向进行分析（否则很可能在不相关的方向上回不来）；同时，要更多挖掘自身的原因和可控的原因。

2. 相关分析

在 OKR 复盘的反思环节，大家谈到一件事情成功的原因，往往会列举外界政策利好、市场需求较多、产品给力、团队努力等；谈到一件事情的不足或失败，往往会说经济不景气、客户购买力不强、产品性能不好、销售不给力等。但到底哪些是更关键的原因？我们可以使用相关分析的方法进行明确，如表 8-5 所示。

表 8-5　OKR 复盘相关分析表

成功 / 失败因素	与项目成功 / 失败的相关性 （高 / 中 / 低）
因素 1：	
因素 2：	
因素 3：	
因素 4：	
因素 5：	
因素 6：	

例如，一家定位于年轻群体的服装公司在 OKR 复盘时发现第三季度 T 恤销量比第二季度上升了 20%。那么大家可以把列举出的成功因素都放到表 8-6 中。

表 8-6 某服装公司 OKR 复盘相关分析表

成功因素	与"销量上升了 20%"的相关性（高 / 中 / 低）
因素 1：夏季是该类产品的销售旺季	
因素 2：该产品品质高于同类价格的产品	
因素 3：刚刚在新媒体平台 B 启动推广	
因素 4：某明星在杂志专访中提到了该产品	
因素 5：与某音乐节合作	

如果想从以上 5 个成功因素中找出对第三季度销量提升最关键的那个，不妨从这样一些角度进行思考：

因素 1：夏季是该类产品的销售旺季，那么今年第三季度与去年同期相比销量如何？

因素 2：性价比是不是目标群体最关心的因素？如果价格不变，质量再提高 10%，会带来多大的销量提升？

因素 3：新媒体平台 B 启动推广带来了多少转化率，带来了多少销售量？相比上个季度没有启动新媒体平台 B 推广，变化在哪里？

因素 4：某明星在杂志专访中提到了该产品，带来了多少销售量？

因素 5：与某音乐节合作，带来了多少销售量？

如果去掉 5 个成功因素中的某一个，会对销售量带来多大的影响？

哪一个是竞争者普遍都能做到，我们做得更好的？

……

然后，就可以在右侧的相关性一列分别填写高 / 中 / 低。

如果每次成功都可以使用相关分析的方法，那么经过一段时间的验证，也许其中相关性"高"的成功因素就是对销售量增长最有帮助的因素。

在一次培训课程中期的复盘中，很多小组都提出了自己小组没有得到最高分的原因，例如目标不明确，分工不清楚，部分同学还没有参与进来，小组座位靠后不能"近水楼台先得月"，座位距离老师远的同学参与度不高，回答过问题但不好意思找老师要分等。针对这些相关因素复盘后，各小组重新调整了目标、分工、竞争策略，甚至重新抽签调换小组位置、小组内成员换位置等。将调整了这些相关因素后的表现与之前对比，才能够发现哪些因素与"得分高"具有更高的相关性。

3."所以呢"

复盘时经常会找到很多成功或失败的原因，但是大家的关注点很容易放在外在的、客观的甚至不可控的原因上，无法真正解决问题。"所以呢"这句话来自英语中的"So what"，意思是"那又怎么样呢""带给我们的影响是什么""我如何应对呢"。

虽然这只是很简单的一句话，但很多时候会改变复盘的关注点。例如：

"我是新加入公司的，对项目情况还不了解，导致项目延期。"

所以呢？

我如何快速了解项目情况，不让项目延期的情况再次发生？

"团队有个小伙伴很难合作，影响了团队的士气。"

所以呢？

如何搞定这个小伙伴，让团队士气恢复正常？

当关注点放在"我／我们如何"的时候，就由被动变成了主动，从障碍变成了要攻克的课题。

三、引导参与

之前给一家企业做培训，在大家谈到"为什么平时复盘效果不好"的时候，有位学员说"开会的时候气氛不好，所以就不想说话了"。既然复盘是为了收集各方的信息，更好地学习、优化，那么让大家愿意开口讲话就变得非常重要了。这点跟 OKR 对齐类似。

这时，OKR 复盘会中的团队领导者，就需要从"团队领导者"临时变成"会议引导师"。（当然，也可以指定某位会议引导师）这里，我们分享四种技巧供团队领导者参考：积极倾听、提出问题、最后发言、学习导向。

1. 积极倾听

倾听有三个层次。第一个层次是自我中心倾听。关注"我"想听到什么。如果开 OKR 复盘会时，团队领导者有一个"标准答案"，一旦觉得团队成员说的话"不对"就不再倾听，甚至打断、评判、批评，那么团队成员就会"拣好听的说"，报喜不报忧。第二个层次是对方中心倾听。关注对方，有眼神交流和互动，适度重复和总结。如果开 OKR 复盘会时，团队领导者能够像大人跟小朋友说话那样"蹲"下来倾听对方的发言，关注团队成员所见、所听、所想、所为，那么对方会感受到被信任、尊重、"被看见"。第三个层次是 3F 倾听。3F，分别是 Fact（基于事实、不评判）、Feel（察觉对方的感受、情绪）、Focus（深度理解对方的内心需求，体会对方的真正意图）。开 OKR 复盘会时，团队领导者也可以有意识地觉察对方的感受情绪、理解对方的需求和意图。例如，某位团队成员为什么总是汇报成绩、积极表现"功劳"，是不是安全感不够，更需要被重视？某位团队成员总是要寻求支持，是恐惧应对挑战，还是以自己的利益为中心？

只有感受到被积极倾听，团队成员才能把"可说可不说"的话真正说出来，这样的 OKR 复盘会才能够收集更多更全面的信息。

2. 提出问题

在团队成员同步或汇报 OKR 进展的过程中，建议团队领导者更多使用"提问"，而不是"评判"的方式，介入讨论。

例如，团队成员小王汇报："这个双月的 OKR，其中 O1 的 KR2，目前完成度是 80%。这个项目难度很大，不过目前完成得还算顺利。"

团队领导可以这样提问：当时这个 OKR 设定得有些高，目前进展这么顺利，你是怎么做的，可以说说吗？过程中你觉得哪些最难？你是如何克服的？能不能分享一些给其他同事？你有没有想过 ×× 角度，试试 ×× 办法？后面做下去，觉得难度怎么样、信心如何？还需要大家给你哪些支持吗？……

提出问题时要注意以下几点。

- 可以使用"特殊疑问句"，例如"你什么时候发现了这个问题？""大家有什么看法？"运用开放式问题，引导团队思考更多可能性。

- 可以使用"一般疑问句"，例如"还需要大家提供支持吗？""你有没有想过……角度，试试……办法？"要注意提问的语气，要通过这种疑问句让对方看到一些之前没有看到的角度，同时感受到被关怀而不是被批评。

- 谨慎使用反问句进行挑战，例如"你怎么能这么干呢？""难道这个问题我之前没有讲过吗？"

我们在这一章中谈到的反思，团队领导者或成员都可以在 OKR 复盘会上提出来，引发思考和讨论。

3. 最后发言

在前面 D 公司的案例中，公司在进行 OKR 复盘时，先召开各区域业务中心的专题讨论会，最后公司高层总结，这是一个很好的流程安排。很多时候，团队领导者在会议开始时发言太多，团队成员就不敢、不愿表达不同观点了。

《哈佛商业评论》的一篇文章《好领导需要"双管齐下"》讨论了领导者切换权力模式的时机与具体做法。"我们的研究表明，最具成效的领导者通常会在发号施令和倾听授权这两种模式间切换，以满足当下需求。"

文章中谈到了一些企业的做法。皮克斯动画前总裁埃德·卡特穆尔说："会议室外，一个人可能比另一个人更有权威。但在智囊团会议上，每个人的声音都同样重要。"为了帮助"消除会议室里的权力"，在会议期间，最有声望的人"在最初的 10 或 15 分钟内会保持沉默"，让其他人发言。会议结束时，在这组人以平等身份完成了分享和讨论之后，等级恢复。"如何解决一个问题的最终决定权始终在导演手中。"此外，埃德还会让权力最大、让大家感到紧张的人离开会议室，他曾要求史蒂夫·乔布斯不要出现在智囊团会议上。因为他觉得"乔布斯在场会扼杀电影制作人提出建议的积极性"。美国海军海豹突击队在复盘时，"在场的所有人都会摘下军衔标志，以示等级的暂时扁平化。用这种仪式来标记转变"。通过这些方法，让最有权威的人最后总结发言，有利于大家在复盘时分享自己的想法。

4.学习导向

既然复盘的价值之一是学习，那么坚持"学习导向"而非只运用"惩罚"，是特别需要提醒大家的。只有复盘时以学习为导向，大家才会感受到"心理安全"，并畅所欲言。

哈佛商学院教授艾米·埃德蒙森在《无畏的组织：构建心理安全空间以激发团队的创新、学习和成长》[①]中谈道："心理安全描述了一种氛围，在这种氛围中，人们感到足够安全，可以通过说出并分享担忧、问题或想法来承担人际风险。""随着工作中常规的、可预测的、模块化的工作比例降低，越来越多的工作任务要求人们做出判断、应对不确定性、提出新想法、与他人协作沟通。这意味着发声非常重要。"书中谈到谷歌著名的"亚里士多德计划"，该计划发现在顶尖人才如云的谷歌，影响团队绩效的 5 个关键动力分别是，心理安全、明确的目标、可靠的同事、个人有意义的工作以及相信工作有影响。其中，"心理安全是其他 4 个关键动力的基础"。"即使是谷歌最聪明的员工，也需要心理安全的工作环境，去贡献他们的聪明才智。"

---

① 埃德蒙森. 无畏的组织：构建心理安全空间以激发团队的创新、学习和成长 ［M］. 薛阳，刘娜，译. 北京：东方出版社，2020.

在"心理安全"的团队中，团队的成员能够提出问题和棘手话题；团队可以包容一些错误；冒险是安全的。

当进行复盘时，听到坏消息，无论是项目延期、看到风险，还是碰到客户投诉、项目收款有问题，除了常规处理，大家还可以多问几句："我们从这件事情中，学到了什么？""这样的事情，下次如何能够避免？""需要优化补充到流程中，还是人员需要培训？"

一旦转换成学习导向，团队成员会以更加开放、中立的角度思考如何从失败中学习，也会更主动地分享坏消息、预告风险。书中还写道："尽早知道缺点、坏消息会降低大规模失败的可能性。"这样的失败，才是"有意义的失败"，而不是"彻底失败"。

四、优化行动

很多时候，OKR 复盘时暴露出的一些问题，讨论来讨论去，不能马上有结论，最后不了了之。这时，需要及时决策、明确行动、专人跟进。

例如，在 OKR 进程中，积累了做某类工作的经验，能不能尽快请负责的同事总结一下，分享给同事？发现一些问题需要解决，能不能尽快讨论处理？发现某类工作流程太长导致效率太低，能不能尽快与相关方商量，简化流程？发现当初设定 OKR 时的方向、假设存在严重问题，能不能尽快召集相关方讨论，修改 OKR？如果悬而不决，不但可能耽误时机，还可能影响士气。

亚马逊的"第一天原则"中有一条是快速做出决策。亚马逊把决策分为"单向门决策"和"双向门决策"。单向门决策是指，会导致一些不好的后果，而且是不可逆的决策。双向门决策是指可改变、可逆的决策，就算做出的决策不够理想，也可以重新开门回去。

亚马逊创始人贝索斯曾说，"及时决策胜过不决策"。"获得 70% 左右的所需信息后，你多半就可以做决策了。等收集了 90% 的信息，在多数情况下，你做决策的速度可能就落后了。此外，无论以何种方式，你都需要迅速找出那些错误决策并加以修正。若你擅长修正，那么决策错误导致的后果就会低于预期，但速度慢则意味着高昂的代价。""在商业世界，速度非常重要。很多决策和行动是可逆的，并不需要严密的研究。我们看重承担可计算的风险。"①

因此，在 OKR 复盘中，及时决策、推进行动，把复盘讨论的产出作为设定下一周期 OKR 的输入，才是把复盘效果落到了实处。

小结

到这里，你已经读完了本书的所有内容！相信你对 OKR 有了一定的了解，也知道怎么进行 OKR 设定、对齐、跟踪和复盘了。下一步，就是行动了！

我们是否可以思考一下，在这四个动作中，如果有的动作做得好，有的做得不好，会怎么样呢？

- 如果没有认真设定 OKR，方向错误，可能会"齐心协力走到沟里"。
- 如果没有很好地对齐 OKR，大家没有往一处使劲，可能会重复建设甚至力量抵消。

---

① 资料来源：亚马逊官方网站。

- 如果没有及时跟踪 OKR，可能最后 OKR 总是实现不了，有头无尾。

- 如果没有深度复盘 OKR，可能工作业绩总是原地打转，没有质的提升。

因此，只有这四个动作都做好，才能既做了正确的事，又把事情做正确。刚开始使用 OKR 时，不可能一下子把每个动作都做到完美，然而只要坚持不懈，尤其在外部顾问的帮助下，形成 OKR 的思维方式和工作习惯也只是时间的问题。

有人说，OKR 是违背人性的。人倾向于从自己出发、从现在出发，而不是从大局出发、从目标出发；人往往定了目标却坚持不下去，而 OKR 要求不断跟踪、复盘，这不是违背人性吗？也有人说，OKR 是顺应人性的。寻找热爱，从内心想去的地方出发，设定目标，不畏挑战，努力去实现，这不是顺应人性吗？

我相信，你有自己的答案。

OKR 中的以终为始、结果导向、勇于挑战、聚焦重点、敏捷迭代、以人为本等，单独拿出来都并不独特，然而一旦将它们整合起来并真正实现，就会产生巨大的力量。

希望 OKR 这杆"枪"，能够成为你手中的利器，助你在 VUCA 时代走得更远、更快、更稳。

本章要点总结

+ OKR复盘的意义：学习、迭代。

+ OKR复盘三步法：评估、反思、优化。

+ OKR复盘常见问题：组织不力、深度不够、参与不足、行动不畅。

+ OKR复盘对策：高效组织、深度思考、引导参与、优化行动。

后　记

2023 年夏天，当我们终于完成这本书的写作时，体会最深刻的是："同理心是地基，想象力是天空。"

以前看到张一鸣的这句话不是很理解，而当我们把这本书当作一个产品去打造时，便深刻体会到了这一点。在研究 OKR 几年后，我们面对的真正的难题不再是 OKR 本身，而是如何将 OKR 呈现给读者。

我们必须不断用同理心理解阅读本书的一个个"你"，想象"你"的工作场景，想象"你"的开心、困惑，想象哪些地方"你"可能觉得是"说教"，哪种表达方式可能让"你"产生兴趣。

我们必须不断发挥想象力，创作出一个个源于生活、高于生活，贴近"你"工作场景的故事。这样"你"也许才愿意看、看得懂。

也许我们还不能很好地做到这一点，那么请允许我们用 OKR 的思维方式，拒绝完美主义，先跑起来，并欢迎大家反馈，以便我们在后续不断迭代。

感谢几年来为我们提供过帮助的所有人，包括字节跳动的前同事们、企业培训的学员们、接受 OKR 调研的各界朋友们、南开大学人力资源校友会新开人社团的校友们，泰普洛领导力周戌乾老师及他的同事们、人民邮电出版社智元微库张渝涓老师及其团队、中国市场出版社发行部主任、融合发展中心主任白琼，以及我们的家人。

李迎霜　付强

附录一　OKR 书写规范检查清单

要　求	原　因	符合要求打"√"
参考公式：O：做什么，为了什么 KR：做什么，产出什么	体现目标、结果、路径	
O 和 KR 都是 3 ~ 5 个	找出最重要的	
最重要的 O、KR 排前面，设不同权重	明确优先级	
O 和 KR 使用动宾短语	找到改变的推动力	
O 和 KR 使用正向形容词，描述目标实现后的样子	激励人心，明确方向	
O 和 KR 颗粒度适中	与自身角色匹配 KR 可实现 O	
适度挑战，OKR 能够实现 60% ~ 70%	可实现又有拉伸	
KR 具体描述	明确具体行动	
KR 可衡量	明确结果的衡量标准	
KR 与 O 相关	KR 实现后 O 就可以实现	
KR 有时间期限	特定周期内可实现	
提示自己或相关方	与相关同事同步对齐	

附录二　OKR 思维教练问题

你接到了上级的一个任务，或者你拿到一个项目需求（内外部客户需求均可）。请运用 OKR 思维的 POP 模型思考，把你的想法写下来。

目的：

为什么要做这件事情？

这件事是谁发起的？为了满足谁的需求？满足什么需求？

到底要解决什么问题？

不做这件事情，行不行？

还有哪些可能的相关方？他们的诉求有哪些？

结果：

做这件事情，会带来什么样的结果？其中，哪些是最关键的结果？

做得好和做得不好，分别是什么样子？

谁来衡量结果？如何衡量？

路径：

为了实现这样的目的，可以做哪些方面的准备？

其中，最关键的是什么？

最难的地方有哪些？如何克服？

可以有哪几个方案？哪个方案投入产出比最高？

对比看看，当你写下这些思考之后，对这项工作的思考有哪些变化？

附录三 OKR 书写规范练习

以下均为不定项选择题。

1. 以下哪些选项符合 OKR 的书写规范？

A. O 写清做什么和目标

B. KR 一般不超过 5 个

C. 某同事本季度只有 1 个最重要的项目，努力编出 3 个 O

D. 设定自己肯定能完成的 OKR

2. 以下哪些选项符合 OKR 的书写规范？

A. 上级写好 OKR，我直接改数字变成自己的 OKR

B. 不同 O 之间也需要依据重要性排序

C. 把我负责的每个项目名称作为一个 O

D. 下级写好 OKR，我直接抄过来变成自己的 OKR

3. 以下哪些选项符合 OKR 的书写规范？

A. 某个人贡献者的 O 为"打造 ×× 行业生态"

B. 把一个项目作为 1 个 O，把 10 个工作步骤变成 10 个 KR

C. 在 KR 中使用动宾短语，例如"提升……""降低……""优化……"

D. 5 个 KR 中，把最重要的放在最前边，并设置权重

4. 以下哪些选项不符合 OKR 的书写规范？

A. 某销售人员负责 20 个客户，把维护每个客户设置为 1 个 O

B. 某 CEO 的 1 个 O 为"为员工发放工资"

C. 某市场部员工的 1 个 KR 为"塑造追求极致的企业文化"

D. 某供应链负责人的 1 个 KR 为"供应链降本增效"

5. 以下 KR 中，哪项或哪些项符合 KR 的书写规范？

A. 我想更成功

B. 保持好心情

C. 每周游泳、跑步

D. 阅读《这就是 OKR》，并撰写读书笔记，明确后续行动

6. 某人为自己撰写了一组个人 O：打造专业、有活力的职场形象。以下 KR 中，哪几个 KR 的相关性不高？

A. 关注 Top 5 商界杂志，总结专业职场形象要点和趋势

B. 每月参加一次公益活动

C. 把喜欢的风景照片更新到微信头像

D. 在公司的服装搭配和发型得到同事认可

7. 以下 KR 中，哪些不符合书写规范？

A. 第一季度生产保质保量，A 指标达到 X，B 指标达到 Y，C 指标达到 Z，D 指标达到 U，E 指标达到 V，F 指标达到 W，G 指标达到 L

B. 整合头部媒体，打造 X 个灯塔项目，带来 10 个行业大客户线索

C. 继续举办每月例行的 5 场员工培训

D. 完成每月例行的员工报销

8. 某财务人员的 OKR 为：

O：协助 F 部进行财务尽调及交割工作

KR1：A 项目——总投资金额预计为 ×× 亿元

KR2：B 项目——根据目前的讨论结果，H 项目具体描述为……

KR3：C 项目——目前处于 I 阶段，未来可能做……

他的 OKR 中，有哪些不足？

A. KR 是工作汇报和计划，不是关键结果

B. KR 不具体

C. O 是任务，没有体现目标

D. KR 跟 O 相关性不高

9. 某互联网公司技术负责人的一组 OKR：

O：数据应用

KR1："818" 活动的数据需求开发

KR2："双 12" 活动数据开发

KR3：完善 T 数据中心，具体包括 ABC

KR4：继续优化 X 数据中心，包括 ABC

KR5：W 项目数据开发，具体包括 ABC

KR6：Z 项目数据开发，具体包括 ABCD

KR7：L 项目提效开发，实现 A 指标 $x \rightarrow y$，B 指标 $x \rightarrow y$，C 指标 $x \rightarrow y$，D 指标 $x \rightarrow y$，E 指标 $x \rightarrow y$，F 指标 $x \rightarrow y$，G 指标 $x \rightarrow y$

该 OKR 案例中，存在哪些不足？

A. O 是名词，没有体现方向和目标

B. KR 罗列太多具体任务和指标、不聚焦

C. KR 没有写需要达到的标准，不可衡量

D. KR 数量太多

参考答案及解析

1. AB（C 不需要凑数量，宁少勿多；D 需要有挑战）

2. B（AD 上下级的颗粒度一般会不同，而且鼓励独立思考；C 如果项目多，可以对项目进行合并，且建议使用动宾短语）

3. CD（A 颗粒度太粗；B 数量太多）

4. ABCD（A 应该归纳提炼；B 颗粒度太细；C 企业文化不是市场部员工的工作内容，太宽不具体；D 不具体可衡量）

5. D（ABC都不具体可衡量）

6. BC（B 公益活动跟职业形象关联不大；C 建议更新为职业照而非风景照）

7. ACD（A 指标太多，建议挑选关键指标；C 需要加上可衡量的产出；D 挑战性不够）

8. AC（A 整个OKR都是在汇报当前进展，不是目标和关键结果；B 在KR上有具体描述；C 在O中没有写任务背后的目标；D 三个KR是O的项目内容，有相关性）

9. ABCD（A O中只有名词，没有动词和目的；B KR7中的指标太多，建议挑选关键指标；C 在KR1~2中没有可衡量的结果；D 共有7个KR）